歴史で読み解く 図説
京都の地理

正井泰夫［監修］

青春出版社

はじめに

たくさんある日本の都市の中で、東京に次いで多くの本や地図が出されているのは、おそらく京都だろう。外国でも、東京に次いで知名度が高い日本の都市は京都だ。ＴＯＫＹＯとＫＹＯＴＯの発音が似ているためもあってか、ＫＹＯＴＯのスペリングの前半と後半をひっくりかえしてＴＯＫＹＯとしたと、まことしやかに話している「日本通」の外国人すらいるほどだ。外国人ばかりを笑ってはいられない。「日本の首都はどこか」と聞かれれば、誰でも東京と答える。だが、一二〇〇年以上前の桓武《かんむ》天皇の時代に、長岡京《ながおかきょう》から平安京《へいあんきょう》へ「正式に」遷都《せんと》して以来、日本ではまだ一度も遷都の儀式を行っておらず、京都が「正式の」首都と考える人もいる。

日本の大都市としては珍しく、京都が内陸都市なのは何故か。それには、古代の人々の地理思想が色濃く反映しているのだ。繁栄と破壊を繰り返しながら、京都は大きく変貌してきた。その過程で、涙が出るほどすばらしい風景ができあがった。幕末にも当時の市街地の大半が焼けた事件があったにもかかわらず、日本の都市文化の粋《すい》は京都に残った。明治維新期にほぼ無傷で残った江戸が東京と名を変え、近代化を進めて、街の姿をすっかり変えてしまったのと見事なコントラストを示す。

長い歴史と文化の京都を、この本ではできるだけ地図で表現した。地理的な空間・広がりの中で、この古都をみてみよう。きっと新しい発見があるはずだ。京都の人には失礼かもしれないが、全国の読者のために、読みにくい漢字にはふりがなをたくさんつけてみた。

正井泰夫

CONTENTS

図説 歴史で読み解く 京都の地理◆目次

CONTENTS

装幀／フラミンゴスタジオ
カバー地図／文久二年「新増細見京絵図大全」(株)人文社
写真提供／丹後町役場　加悦町古墳公園はにわ資料館
網野町教育委員会　北野天満宮　太宰府天満宮
京都市水道局　東映京都スタジオ映画資料室
京都市交通局　京都市観光協会
執筆協力／澁谷直道
図版・DTP／ハッシイ

京都盆地と古代人

太古は湖だった盆地に京都人はいつから住み始めたか

後期旧石器時代、京都盆地に人類登場

日本の大都市の中で、京都ほど盆地の特徴を示しているところは他にない。京都盆地は今から一〇〇万年から二〇〇万年ほど前、瀬戸内地方東部で起きた断層運動の結果、陥没して生まれた湖（旧山城《やましろ》湖など）の跡だ。

京都市東南部、宇治川《うじがわ》下流左岸にあった巨《お》椋池《ぐらいけ》は、この湖が土砂で埋められたところにできた湖の名残だった。

『万葉集』にも「巨椋《おほくら》の入江響《とよ》むなり射部人《いめびと》の伏見《ふしみ》が田井に雁《かり》渡るらし」と登場することから、昔から存在したことを証明している。

ただし、巨椋池は昭和の時代に入ると国内で初めての国営干拓事業が行われて農地となり、戦後、干拓がさらに進められて一〇万人の人々が住む住宅地となっている。

京都盆地に人が現れ始めたのは後期旧石器時代、およそ二万年前だろうといわれている。大覚寺浦山《だいかくじうらやま》の菖蒲谷《しょうぶだに》遺跡や岩倉幡枝《いわくらはたえだ》町ケシ山遺跡などから、ナイフ形石器や有舌尖頭器《ゆうぜつせんとうき》と呼ばれるサヌカイトを石材とした石の道具が発見されている。

氷河期を経て、気候が温暖化した縄文時代を迎えると、比叡山《ひえいざん》から瓜生山《うりゅうやま》に至る山地の西麓や天神川の扇状地、また上賀茂《かみがも》の洪積丘陵などが京都における縄文人たちの生活の場となった。京都大学農学部付近の北白川《きたしらかわ》縄文遺跡群からは土器とともに各種石器や耳飾りなどが出土しており、山野や河川を舞台として狩りをしたり、魚を捕り、あるいは食べることのできる草や木の実を採集して暮らしていたことがうかがえる。なお、旧石器時代と異なる大きな特徴の一つに、生活の中で焼き物を使うようになったことが挙げられる。

稲作とともに盆地は発展 政治勢力をも生みだした

弥生時代になると、淀川《よどがわ》を遡《さかのぼ》るようにして稲作文化が伝わってきた。京都盆地西南の雲《くも》宮《みや》遺跡、現在は市街地となっている京都御所《ごしょ》西側の内膳町《ないぜんちょう》遺跡、また山科《やましな》盆地の中臣《なかとみ》遺跡などは、弥生文化の成立当初にあたる集落跡といえる。

弥生文化は京都盆地一帯にわたって、急速に拡がっていったようだ。特に稲作は盆地の東端から北端まで拡がり、かつては湖だった地域も徐々に陸地化されていった。弥生時代中期になると、遺跡は約四〇か所が知られているが、中には伏見区の深草《ふかくさ》遺跡にみられるように大集落も出現し、いよいよ本格的な定住が始まったと思われる。桂川《かつらがわ》西側に位置する上久世《かみくぜ》遺跡、中久世《なかくぜ》遺跡、羽束師《はづかし》遺跡からは、集落跡の一部である竪穴住居跡がみつかっている。

そして後期になると、遺跡分布が京都盆地全域に点在していることから、前中期を経て発達した農業生産を基礎として、農耕社会が京都盆地にしっかりと根づいたことが想像される。とりわけ先の上久世、中久世、羽束師では集落相互間に密接な関係を生み、農耕生産の最も発達した地となった。この地はその後に続く古墳時代を迎えてもなお発展し続け、京都盆地において最も強大な政治勢力を誕生させたのだった。

数万年前の京都の地形

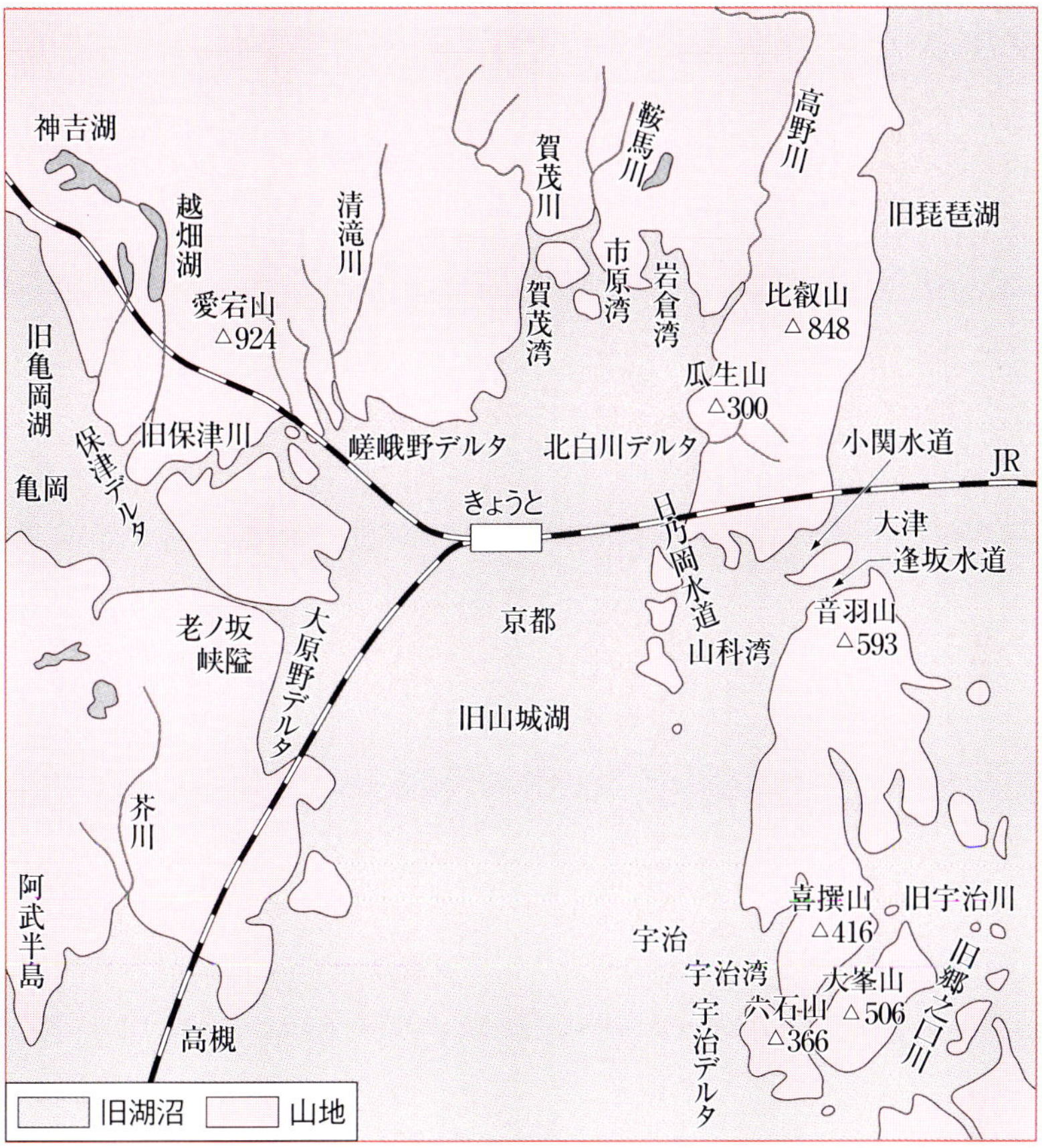

出典『京都近傍地質誌』上治虎次郎（地下資源研究所）

京都盆地の旧石器・尖頭器出土地

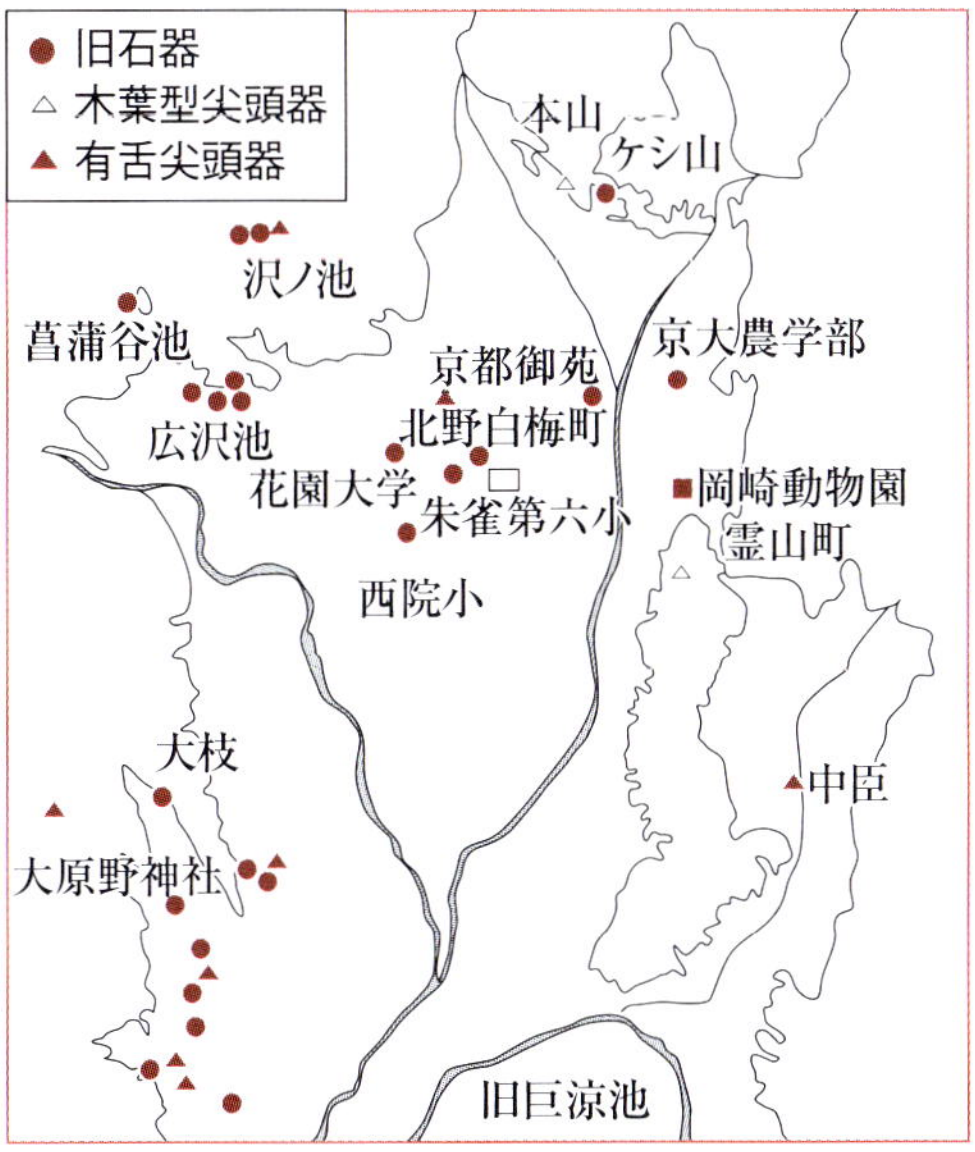

出典『まちと暮らしの京都史』岩井忠熊編（文理閣）

遺跡の立地をみると、丘陵や扇状地、段丘上から山間部までにおよんでいることがわかる。これは、旧石器時代人が盆地の内外にある山野を狩猟・採集の舞台としていたことが読みとれる。

丹後三大古墳の成り立ち

勢力を象徴する巨大な前方後円墳はいかに生まれたか

丹後に大勢力が形成された古墳時代

古墳時代、丹後《たんご》は重要な地域をなしていた。地理的にも文化的にも山陰と北陸、日本海と畿内との接点に位置していたことが大きな要素といえよう。そして丹後の遺跡では、古墳の存在を無視するわけにはいかない。京都府内の古墳は約一万墓と推定されるが、そのうちおよそ六〇〇〇墓は丹後地方でみつかっているように、丹後はいわば古墳の宝庫でもあるからだ。

丹後の古墳で最も特徴的といえるのが巨大な前方後円墳だ。中でも「丹後の三大古墳」と呼ばれる京丹後市の銚子山《ちょうしやま》古墳、神明山《しんめいやま》古墳、加悦《かや》町の蛭子山《えびすやま》古墳の三墓はいずれも国指定の史跡であり、大きさとしても日本海側の古墳としては三位までを独占している。

これらの古墳跡から、古墳がつくられた四世紀には、丹後にかなり大きな勢力があったことが容易に想像される。

銚子山古墳は全長一九八メートル、後円部径一一六メートル、高さ一六メートルをなし、旧網野町を一望しうる台地上につくられた古墳だ。

背後に続く丘陵の背を利用して築かれ、古墳丘には大きな葺石《ふきいし》が露出し、埴輪《はにわ》片がみつかっている。時代的には蛭子山古墳に続く古墳時代前期のものだろう。大規模化していることから、勢力が最もピークに達した頃の古墳だと考えられている。

高度技術が要された一方、中期には勢力も衰退

やはり古墳時代前期のものと思われる神明山古墳は全長一九〇メートルの前方後円墳で、神社の西南丘陵上にあり、墳丘は松林に覆われているため、海岸からみると丘としかみえない。銚子山古墳よりも全長ではわずかに短いが、高さでは勝り、圧倒的な壮大さを誇る。古墳の南東部には小さな港の痕跡が認められ、かつては物流の拠点としてこれを利用しながら、有力者が富を蓄えたのではないかと推測されている。

蛭子山古墳は全長一四五メートル、四世紀頃の古墳と思われるが、棺材に固い花崗岩《かこうがん》が使用されていることが興味深い。花崗岩をくり貫くには高度な技法が必要であることから、棺の製作に朝鮮半島の技術者が携わっていた可能性も指摘されている。確かに花崗岩が入手しやすい土地であったとはいえ、加悦町では他にも花崗岩を使用した石棺がみつかっており、蛭子山の石棺の伝統であるとの見方が強い。なお蛭子山古墳跡は、現在、加悦町古墳公園として復元整備され、頂上には花崗岩でつくられた船型の石棺が設置されている。

この他にも墳墓の中から大量の鉄製品やガラス製品が出土した古墳がみられ、丹後におけるこの時代の勢力を感じさせる。

しかし、古墳時代中期になると、三大古墳に匹敵するような規模の古墳はみられなくなり、丹後特有の丹後円筒埴輪の出土も激減し、代わりに一般的な円筒埴輪の出土が目立つようになってきた。それは同時に丹後の勢力の衰退を意味し、反対に畿内の影響力が強くなってきたことを物語っている。

丹後地方の三大古墳

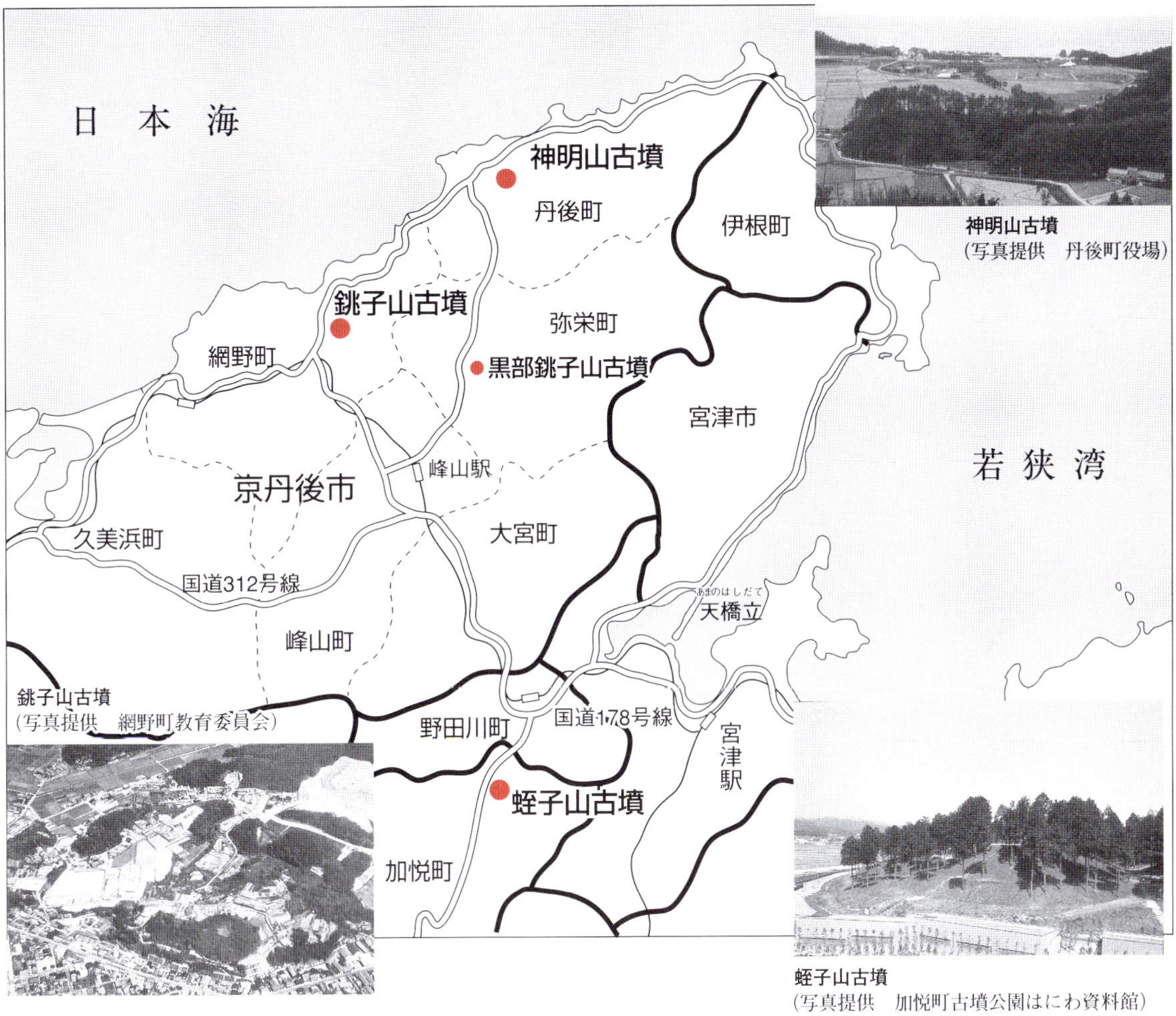

神明山古墳
(写真提供　丹後町役場)

銚子山古墳
(写真提供　網野町教育委員会)

蛭子山古墳
(写真提供　加悦町古墳公園はにわ資料館)

京都府下にある前方後円墳の体積

(★は丹後)

古墳名	所在地	体　積	墳　長	時期
★ 神明山古墳	京丹後市丹後町	188,600㎥	190m	前期
★ 網野銚子山古墳	京丹後市網野町	111,223㎥	198m	前期
久津川車塚古墳	城陽市	109,958㎥	183m	中期
★ 蛭子山古墳	与謝郡加悦町	54,835㎥	145m	前期
椿井大塚山古墳	相楽郡山城町	49,437㎥	185m	前期
宇治二子山古墳	宇治市	33,052㎥	110m	後期
★ 黒部銚子山古墳	京丹後市弥栄町	31,978㎥	105m	前期
涌田山1号墳	京丹後市峰山町	27,625㎥	100m	中期
平尾城山古墳	相楽郡山城町	25,950㎥	110m	前期
黄金塚2号墳	京都市伏見区	24,568㎥	120m	中期

参考『前方後円墳築造の研究』石川昇(六興出版)

河川をつくった都人

高い灌漑技術を持って嵯峨野より勢力を拡大した秦氏

なぜ、秦氏は権力を手にすることができたか

古水こそが京都千年の歴史を支えてきた、そう言い切る学者もいるほど、京都の地の発展において水は重要な要素を占める。

京都の西に位置する亀岡《かめおか》盆地には、神が湿地や池を蹴り裂いて水を排することにより農地がつくられたという「蹴裂《けりさき》」の伝説がある。

亀岡を農地に変えたのは大国主命《おおくにぬしのみこと》とも大山《おおやま》咋《くい》の神ともいわれており、特に大山咋の神は京都西山の松尾《まつお》大社の神としても知られている。

この松尾大社は七〇一（大宝元）年に秦都《はたのと》理《り》によって造営された神社であり、蹴裂伝説を生みだした大山咋の神を氏神としたことから、秦氏が治水利水を重視していたことは想像に難くない。

実際、秦氏は桓武《かんむ》天皇が長岡京《ながおかきょう》遷都を決めた際、財政面で大きな影響力を持ったといわれている。

秦氏が渡来してきたのは五世紀頃、嵯峨野《さがの》の地を開墾することで京都での勢力を伸ばしたとされる。秦氏は高度な土木技術や灌漑《かんがい》技術を持ち込み、桂川《かつらがわ》（旧称は葛野《かどの》川）に大きな井堰を築いた。

その頃、葛野は京都盆地の中で最も豊かな生産力を持ち、弥生時代以来発展し続けてきた桂川流域に位置したが、一つだけ弱点を抱えていた。それは桂川の氾濫であり、桂川の治水および灌漑を手掛けたのが秦氏だったのである。灌漑の成功こそが、秦氏躍進の最も大きな要因だったことに異論はない。

桂川や淀川は京の都において物資運搬を可能にする大動脈だった。桓武天皇は長岡京や平安京《へいあんきょう》の造営のために丹波国《たんばのくに》山国荘を禁裏御《きんりご》料地《りょうち》に定め、木材を筏《いかだ》にして運んだが、その際、利用されたのが桂川である。

また、淀川からは桂川を経由して米などの物資が運ばれた。水を操る技術は秦氏によるものが大きく、高い技術が受け継がれてこそ、その後の歴史に残る大事業といえる琵琶湖疏《びわこそ》水《すい》整備（68ページ）に繋がったといえるかもしれない。

熱心な仏教徒でもあった殖産的豪族

秦氏は仏教の熱心な信者でもあり、氏寺として広隆寺《こうりゅうじ》を建立した。広隆寺に祀《まつ》られている国宝第一号として有名な弥勒菩薩《みろくぼさつ》は、秦河《はたのかわ》勝《かつ》が聖徳太子《しょうとくたいし》から譲り受けたものだ。また、深草の伏見稲荷《ふしみいなり》大社はもとは五穀豊穣を祈る農耕神であり、やはり秦氏の氏神として祀られた。

秦氏は、よく殖産的豪族といわれるように、政治的領域や権力中枢部にはほとんど登場することはない。長岡京や平安京の造都はもちろん、その後の六世紀後半から七世紀末までも、秦氏は天皇の権力的事業に財力を提供し続けたが、やはり政治の表面には現れることはなかった。

先端的技術を貪欲に取り入れる一方で、全国的には前方後円墳がみられなくなったにもかかわらず、自らの古墳に関しては伝統的な前方後円墳の形を守り続けたことなどから、思想的には保守的だったとの考察もある。

古代の京都盆地に栄えていた氏族

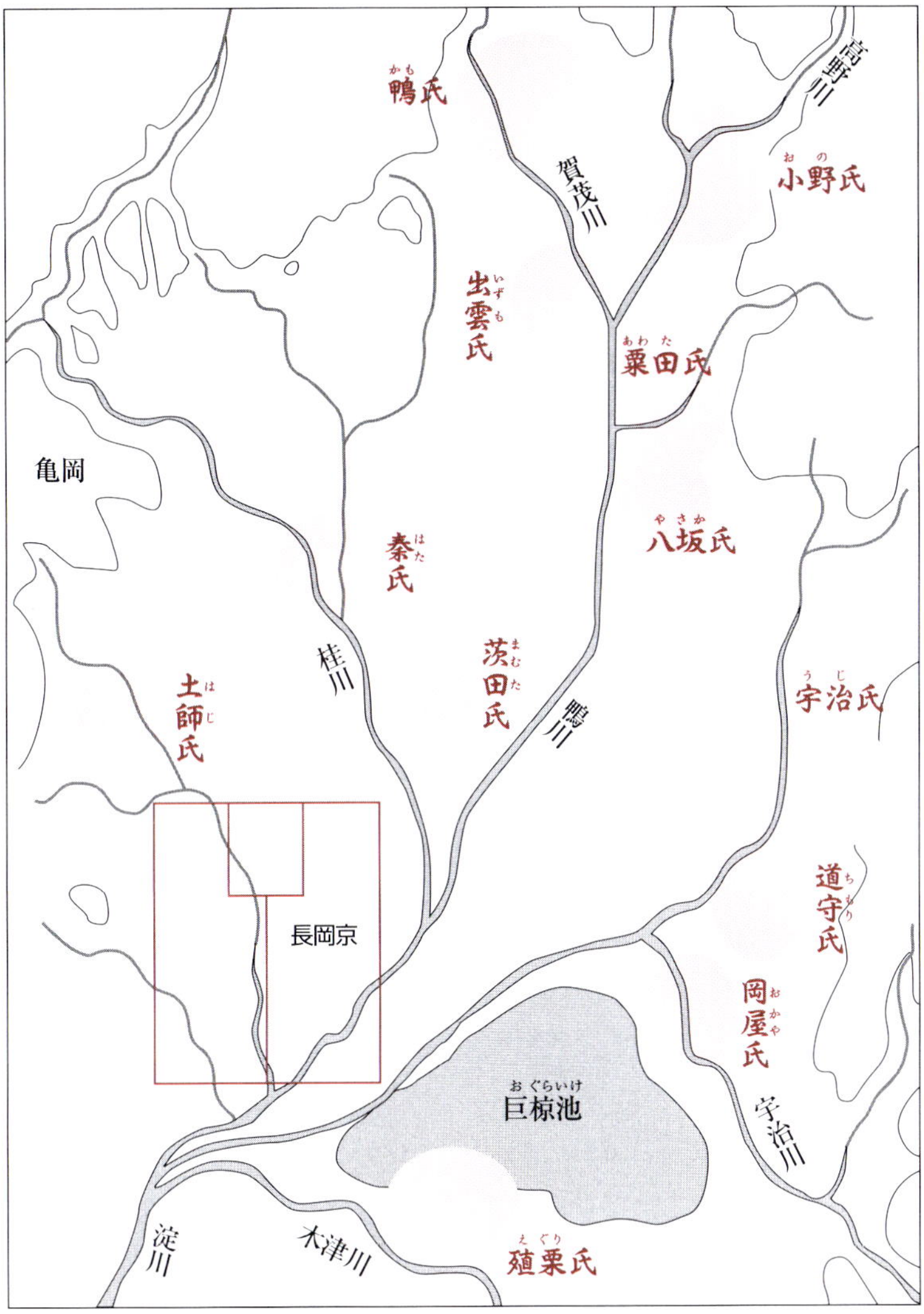

5世紀の渡来人

弓月君《ゆづきのきみ》	秦《はた》氏の祖と伝えられる人物。『日本書紀』によると、応神《おうじん》天皇のときに百済から120県の人夫（「民衆」の意）を率いて渡来したとされる。
阿知使主《あちのおみ》	倭漢直《やまとのあやのあたい》の祖。古代日本の渡来人のうち後漢霊帝の３世孫。使主は敬称で、そのため「阿智王」とも記される。『日本書紀』や『続日本紀』から考えると、応神天皇のとき、漢の朝鮮半島における植民地帯方郡から、17県の人夫を率いて渡来したとされる。
王仁《わに》	西文氏《かわちのふみうじ》の祖。『日本書紀』では、応神天皇のときに百済王が「阿直岐《あちき》」という者を遣わして良馬２頭を献上したが、阿直岐がよく経典を読んだため「汝《なんじ》に勝る博士がいるか」と問うと、「王仁という者がいる」と答えた。そのため、人を遣わして召すと来朝したので、太子の菟道稚郎《うじのわきいらつ》子《こ》がこれに諸典籍を学んだという。

藤原京から平城京、そして長岡京へ

遷都に隠された裏事情

淀川に直結、水運の利が長岡京遷都を実現させた

六九四（持統《じとう》八）年、飛鳥《あすか》より藤原京《ふじわらきょう》への遷都がなされた。藤原京は生前の天武《てんむ》天皇によって計画され、持統天皇が飛鳥から遷都した京である。日本で初めて中国の条坊制《じょうぼうせい》を取り入れた本格的な都城だ。そして七一〇（和《わ》銅《どう》三）年、今度は藤原京より平城京《へいじょうきょう》への遷都が行われた。遷都の詔《みことのり》を下した元明《げんめい》天皇は先代の文武《もんむ》天皇の母であり、文武天皇が二五歳で崩御《ほうぎょ》された後に即位している。

このとき、文武天皇とその妃藤原宮子《みやこ》との間に後の聖武《しょうむ》天皇となる首皇子《おびと》が生まれていたが、幼少のために即位は見送られていた。そこで元明天皇は藤原氏に繋《つな》がる首皇子を即位させようと、遷都により旧体制の刷新をはかったのではないかとの説が有力だ。

時が経って、桓武《かんむ》天皇即位直後の七八四（延《えん》暦《りゃく》三）年、時代は長岡京《ながおかきょう》遷都を迎えることとなった。この長岡京は淀川上流に位置しており、副都難波京《なにわきょう》の宮殿を解体し、瓦《かわら》や柱などの資材を淀川の水運を利用して造営にあたったため、中心的建物はわずか半年足らずで完成している。新たに造営した場合、数年間は要していたはずだ。

造営を急いだのには、平城京旧主派の影響を断ち切りたかったことや、平城京の解体で生じる大混乱を避けようと、難波京を再利用し一刻も早く遷都を既成事実化したかった背景があったようだ。

また、遷都に長岡の地が選ばれた最大の理由は、水陸の便、とりわけ水上交通において利があったことが挙げられる。平城京には大きな河川がなかった。首都として水運が不便であるのは致命的であるため、淀川に直結する長岡が選ばれたと推測されている。

わずか一〇年の長岡京 怨霊に苦しんだ桓武天皇

だがこの長岡京、結果的にはわずか一〇年の都であった。にもかかわらず、前後二回の大規模な造営事業が展開されている。前期は遷都に伴う事業で、七八四年から三年にわたって行われている。後期は平城京の本格的な解体と、天皇の住居となる内裏《だいり》の再造営や長岡京の再開発を目的とする事業であり、七八八（延暦七）年から四年ほど続けられた。これらの造営事業には三一四万四〇〇〇人もの百姓が動員され、その後に続く平安京の造営においては農民たちの疲労のため、工事に大きな影響が出たともいわれている。

ところで、長岡京からの遷都にあたっては、藤原種継《たねつぐ》暗殺事件について触れないわけにはいかない。遷都翌年の七八五（延暦四）年、桓武天皇の側近だった藤原種継が暗殺されたのだ。大友家持《おおとものやかもち》をはじめ種継に反目していた大友一族が暗殺に関与しているといわれ、加えて桓武天皇の弟である早良親王《さわら》にも容疑が向けられた。早良親王は無実を訴えたが認められず、淡路島へ配流される途中に餓死し、亡きがらはそのまま淡路島へ流された。その後、桓武天皇は早良親王の怨霊に苦しんだといわれており、その祟《たた》りが桓武天皇に長岡京をわずか一〇年で捨てさせ、平安京への遷都を決意させた理由の一つと想像されている。

長岡京の条坊

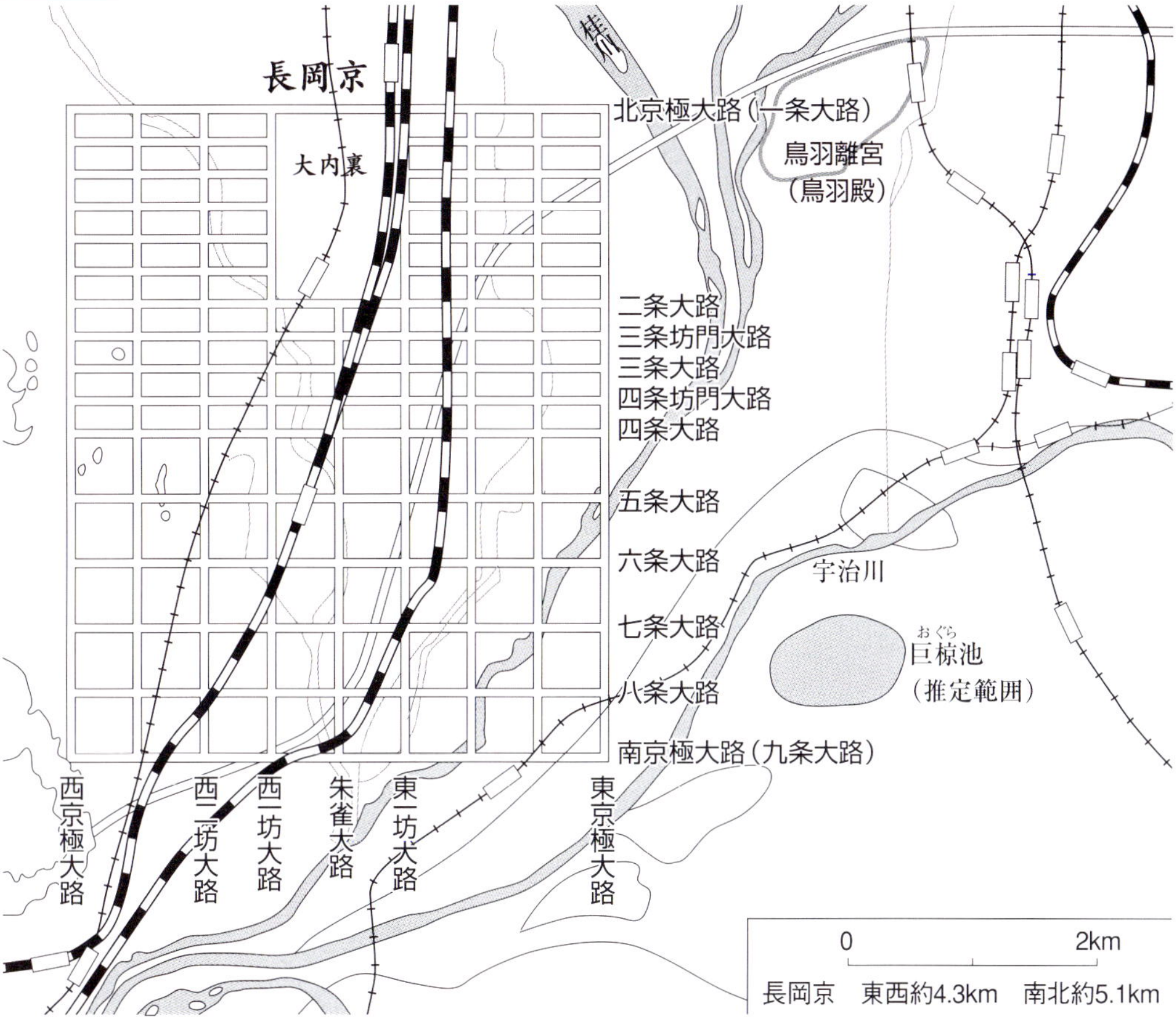

藤原種継暗殺事件関係者の罪

人名	おもな官職	処罰
早良親王	皇太弟	流罪（淡路）
（故）大伴家持	従三位中納言兼春宮大夫陸奥按察使鎮守将軍	官位剥奪
大伴　継人	左少弁兼近江介	斬刑
大伴真麻呂	主税頭	斬刑
大伴　竹良	春宮少進	斬刑
大伴湊麻呂	不明	斬刑
大伴　夫子	大和大掾兼造東大寺司少判官	不明
大伴　永主	右京亮（家持の子）　※詳細は不明	流罪（隠岐）
大伴　国道	不明（継人の子）	流罪（佐渡）
五百枝王	右兵衛督・越前守	流罪（伊予）
藤原　雄依	大蔵卿	流罪（隠岐）
紀　白麻呂	春宮亮兼伯耆守・元造東大寺司次官	流罪（隠岐）
林　稲麻呂	春宮学士・造東大寺司次官兼備前介	流罪（伊豆）
佐伯　高成	春宮少進	斬刑
多治比浜人	春宮主書首	斬刑
伯耆桴麻呂	近衛衛士	斬刑
牡鹿木積麻呂	中衛衛士	斬刑

出典『京都の歴史1　平安の隆運』仏教大学編（京都新聞社）

未完に終わった恭仁京

時代は激動、政治の安定をめざして新たに都を造営

加茂町瓶原、風光明媚な地が選ばれた

奈良に近い京都南端、昔から和歌でも知られる瓶原《みかのはら》地域は、木津川《きづがわ》流域の今の加茂《かも》町の北部に開けた平野である。三方を山に囲まれ、瓶《かめ》の形に似ていることから、この地名が付けられたといわれている。

当地は風光明媚《ふうこうめいび》の地でありながら、激動の歴史において重要な舞台となった時代がある。

七四〇（天平一二）年、太宰府《だざいふ》で起きた藤《ふじ》原広嗣《わらのひろつぐ》の乱直後、聖武《しょうむ》天皇は平城京に戻ることなく、一か月半にわたる彷徨《ほうこう》を行っているが、同年一二月になると都を平城京の北東一〇キロの恭仁京《くにきょう》に遷《うつ》す命令を下し、都の造営が始められた。これは長岡京遷都の前のことである。

恭仁京の造営に至った理由としては、まず第一に政治的な要因が挙げられる。七三七（天平九）年には疫病《えきびょう》が大流行し、疫病がもたらした飢餓《きが》は社会不安を巻き起こした。加えて藤原広嗣の乱は、貴族たちをおののかせた。

そこで聖武天皇は、乱の影響がおよばない土地へ都を定めたのだ。一〇キロといえば当時は相当の距離である。

第二に、加茂の地が渡来人《とらいじん》の移住地であったことが指摘されている。恭仁京については、一九七六（昭和五一）年の調査で大極殿《だいごくでん》跡が発掘され、その実在が確認されたが、その大極殿が瓦積《かわらづ》みであったことがわかっている。

古来、日本では石積みがなされてきたが、あえて瓦積みにしたのには、古くから瓦を使用してきた渡来人の影響を受けてのものだと考えられる。他にも建物や道路の建設には高度な技術と質の高い労働力が要されたが、ここにも渡来人の活躍が推測される。

規模は平安京に匹敵 時代は転換期を迎えた

また、加茂の地が選ばれたのには、この地がすぐれた地形であったことも見逃せない。北東西の三方が山で、南には木津川が流れる。加茂はこの木津川より淀川《よどがわ》、瀬戸内海を経て中国や朝鮮にも繋《つな》がることになり、聖武天皇は交通の便のよさに目を付けたのだろう。

ところで、発掘調査では恭仁京は大極殿の他、朝堂院《ちょうどういん》、諸官衙《かんが》の遺構が掘り出されている。大きさとしては北は登大路から南は河原地区にかけてのもので、その規模は後の平安《へいあん》京《きょう》に匹敵するものだったらしい。

だが、この恭仁京、実はわずか四年あまりの短命の都にしかすぎず、未完の都ともいわれている。にもかかわらず、七四四（天平一六）年の難波京《なにわきょう》遷都に伴う恭仁京廃都に至るまでの間、聖武天皇は国分寺《こくぶんじ》建立の詔《みことのり》（七四一年）、墾田永年私財法《こんでんえいねんしざいほう》（七四三年）など、次々と重要な方針を打ち出している。実際、廃都となった恭仁京大極殿の跡地は、国分寺建立の詔に合わせて七四六（天平一八）年、山背国分寺金堂として甦《よみがえ》っている。このように聖武天皇は、遷都を繰り返しながらも仏教に力を入れ、同時に私有地を国家が初めて認めることによって政治の安定化を図ったようだ。つまり、恭仁京に都が置かれていた時期は、奈良時代の中で一つの大きな転換期だったといえよう。

恭仁京推定図

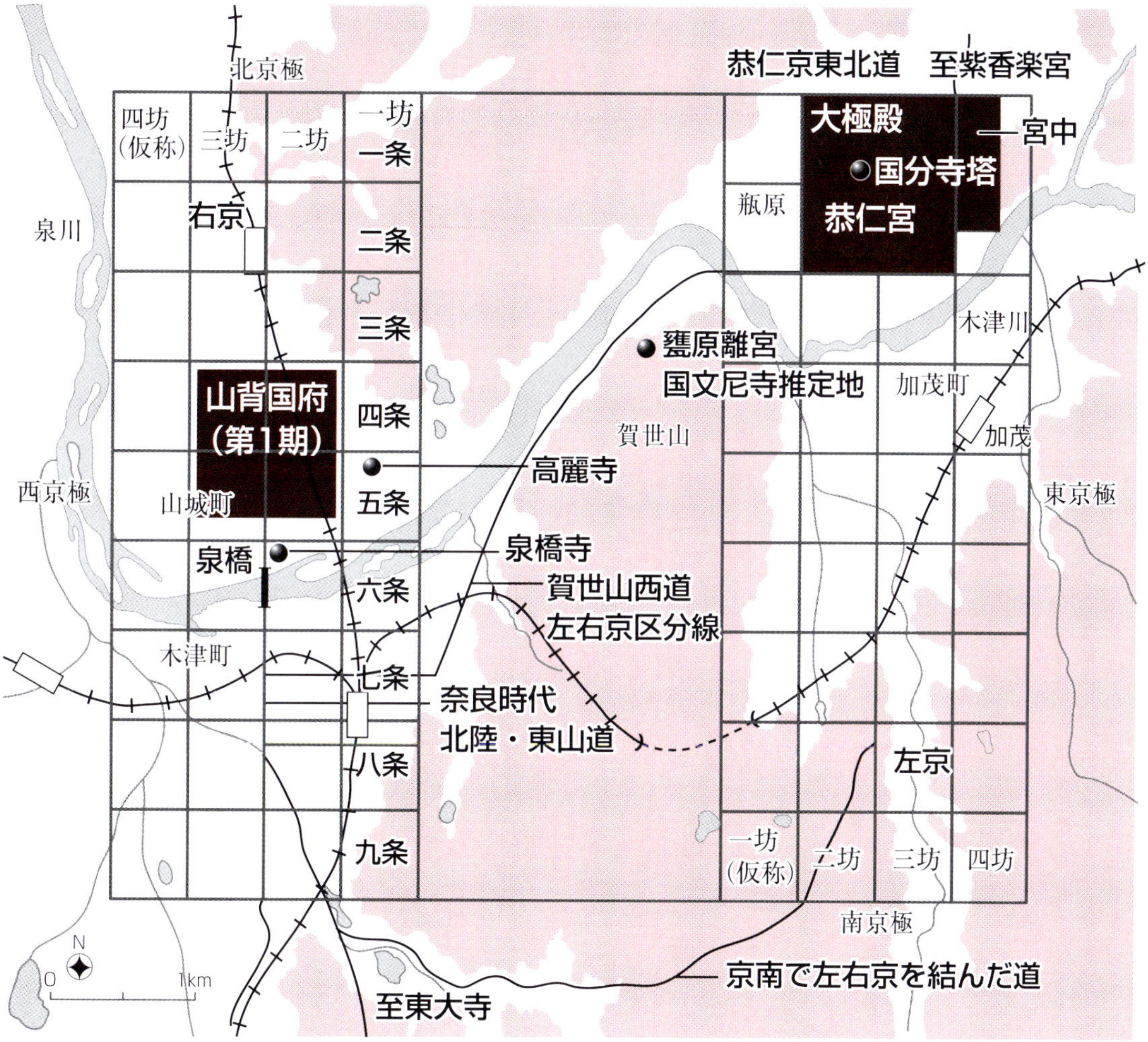

参考文献『世界大百科事典』（平凡社）など

現在の恭仁京跡付近

恭仁小学校は1873（明治6）年に築かれた歴史のある小学校で（創立当初は瓶原小学校といった）、現校舎の木造建築は1936（昭和11）年に建てられた歴史を持つ。恭仁小学校の隣は広場となっており、山城国分寺跡の碑が立つ。また、小学校裏にも同様の碑が建っている。

平安京への遷都

長岡京を捨て「千年の都」造営

四神相応の地に平安京は造られた

七九四（延暦一三）年、桓武《かんむ》天皇はそれまでの長岡京《ながおかきょう》をわずか一〇年で捨て、京都盆地北部、長岡京から東北方向の葛野《かどの》に新しく建設した都へと移動した。新都は「平安京《へいあんきょう》」と名付けられ、その後は新しい都はつくられることがなく、この平安京が「千年の都」となったのだ。平安京遷都以前、現在の京都は山《やま》背国《しろのくに》と呼ばれており、遷都に伴い山城国《やましろのくに》に書き改められた。では、この遷都にどうして山城国が選ばれたのだろうか。

「此の国、山河襟帯して、自然に城を作す」桓武天皇が発せられた詔《みことのり》にあるように、自然景観が美しかったことや、水陸の便がよかったことが挙げられる。そしてもう一つ、この山城が平城京同様、「四神相応《しじんそうおう》」の場所であったのが大きな理由である。四神とは四方を守る神のことで、東の青龍《せいりゅう》、西の白虎《びゃっこ》、南の朱雀《すざく》、北の玄武《げんぶ》の神をいう。また四神相応の地とは、東に川、西に道、南に湖、北に山のある地形をいい、これを平安京にあてはめてみると、東に鴨川《かもがわ》、西に山陰道《さんいんどう》、南に巨椋《おぐら》池《いけ》、そして北に船岡山《ふなおかやま》があり、まさに四神相応の地といえるのである。

平安京の規模は東西四・五キロ、南北五・三キロにわたる。北は現在の一条通、南は九条通、東は寺町通、西は天神川のあたりを範囲とし、都を南北に走る中軸線の朱雀大路《すざくおおじ》は現在の千本通に一致する。道路は碁盤目《ごばんめ》のように敷かれ、条坊制《じょうぼうせい》と呼ばれる町割りが行われた。現在の京都市街の道路がやはり碁盤目状に走っているのも、平安京造営時における街路計画に由来する。

長安をモデルとし、高精度な測量技術が駆使された

平安京は宮域（大内裏《だいだいり》）と京域（左京・右京）の二つの地域にわけられる。唐《とう》の長安《ちょうあん》の都市計画を参考にしたことは有名な話であるが、長安と平安京とではいくつかの違いもみられる。まず、長安においては周囲に城壁をめぐらし、城塞都市としての性格を整えていたが、平安京では異民族や外敵の侵入に備える必要がなかったのか、威厳を保つために形式的な簡単な囲いがつくられたにすぎない。

大きさにおいては、平安京は長安の四分の一程度のものだった。長安は城壁によって外部と内部を明確に区別し、その内部だけで首都としての機能を持たせようとした。一方、平安京においては、特に外部と内部を隔離することなく、空間的には京外をも含んで都が形成されたようだ。平安時代初期に嵯峨院《さがいん》などの離宮や、清水寺《きよみずでら》などの寺院が京外に建設されたことがその裏付けといえよう。

また、平安京は現在の測量技術にもそれほど劣らぬ精度で造営された。街路整備の後、最優先で建設が行われたのは平安宮の建物だ。平安宮には政治を行う朝堂院《ちょうどういん》、天皇の住まいとなる内裏、天皇の宴会の場となる豊楽院《ぶらくいん》などが置かれた。特に豊楽院の正殿である豊楽殿は、当時の技術を最大限に駆使してつくられた荘厳な建物であり、外国の使節が謁見《えっけん》するなど、国家的行事を執り行うのにふさわしい建物であったといわれている。

平安京の条坊

平安京と四神相応

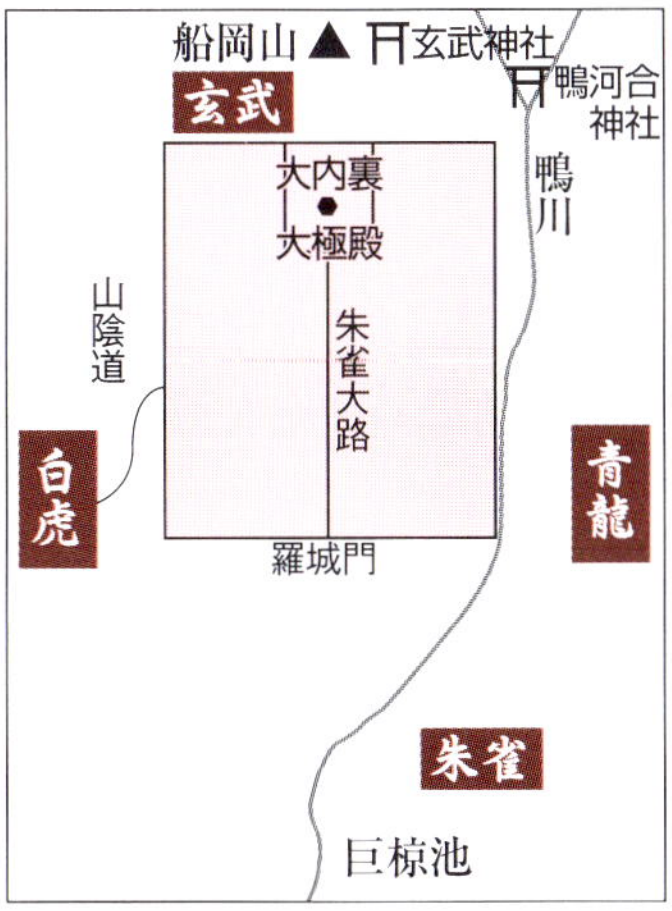

「四神」とは、古代中国に発祥する四つの方位を表す象徴的動物を指す。東を青龍（蒼龍とも）、南を朱雀、西を白虎、北を玄武で表す。例えば、船岡山は平安京の北の守り神「玄武」になぞらえられたが、玄武神社が９世紀に築かれたことがそれを証明している。

京における東と西の寺

なぜ東寺と西寺、東本願寺と西本願寺があるのか

平安時代、京都に西寺が存在していた

八条通大宮北西、日本の木造の塔では最も高い五重塔が東寺《とうじ》のシンボル的存在としてそびえ立つ。高さ約五五メートル、八二六（天長三）年、弘法大師《こうぼうだいし》が創建に着手し、五〇年の年月をかけて完成させた。その後、火災による焼失を受け、現存のものは徳川家光《とくがわいえみつ》が一六四四（正保《しょうほう》元）年、古制に則《のっと》って再建したものだ。さて、東寺があるなら西寺《さいじ》は？　素朴な質問の答えは、かつて、京都には「西寺」なる寺が存在した——。

平安遷都がなされた七九四（延暦《えんりゃく》一三）年、平安京の中央には朱雀大路《すざくおおじ》が走り、南側の入口に高さ約二一メートルの羅城門《らじょうもん》が跨《また》いでいた。この羅城門の東西に、九条大路に面して東寺と西寺が国家鎮護を目的に官寺として建てられた。境内地はそれぞれ東西二町、南北二町（一町は一二〇メートル四方）あり、東寺に五重塔があるように、西寺でも朱塗りの五重塔がやはり建てられていた。つまり、五重塔は羅城門を挟んで左右対称に位置していたことになる。

東寺は八二三（弘仁《こうにん》一四）年、嵯峨《さが》天皇より弘法大師に下賜《かし》されて以来、真言密教《しんごんみっきょう》の寺として庶民の信仰を集め、正式には真言宗総本山教王護国寺《きょうおうごこくじ》と称する。一方、西寺は八三〇（天長《てんちょう》七）年に講堂が完成したものの、九九〇（正暦《しょうりゃく》元）年の大火事で焼失、わずかに残った堂宇《どうう》も一二三三（天福《てんぷく》元）年の火災で焼け、その後再建されることはなかった。

現在、西寺町の西寺児童公園内に、講堂跡と思われる小高い土壇が残されており、その上に「西寺阯」と刻まれた石碑が唯一の西寺の痕跡となっている。

東と西に分派した本願寺、その裏に後継者争いあり

本願寺《ほんがんじ》についてはどうだろう。現在は東本願寺と西本願寺に分派しているが、もともとは親鸞《しんらん》が説いた浄土真宗《じょうどしんしゅう》を伝えようと、一二七二（文永《ぶんえい》九）年に創建された大谷《おおたに》廟堂を始めとする寺だった。一四三八（永享《えいきょう》一〇）年には御影《みえ》堂、阿弥陀《あみだ》堂がつくられ、本願寺教団は拡大の途をたどった一方、他宗派の反発も強くなり、ついには比叡山《ひえいざん》衆徒によって本願寺を破壊されている。その後、山科、大坂へ移建し、一五九一（天正《てんしょう》一九）年になって豊臣秀吉《とよとみひでよし》が土地を寄進し、再び京都堀川七条へ戻った。これが現在の西本願寺だ。

ところが、それで治まったわけではない。後継者争いも絡み、今度は徳川家康《とくがわいえやす》による土地の寄進を受け、一六〇二（慶長《けいちょう》七）年、烏《からす》丸《ま》六条に後に東本願寺となる新たな本願寺が建立されたのだ。これにより本願寺は東西に分派したことになる。家康には本願寺の勢力を分断させる狙いがあったともいわれている。

現在、西本願寺は浄土真宗本願寺派の本山、東本願寺は真宗大谷派の本山であり、それぞれ「おにしさん」「おひがしさん」と呼ばれることもある。

なお、西本願寺の初期の建物は一六一七（元和二）年の火災で全焼し、その後寛永《かんえい》年間に再建された。東本願寺もやはり再三の火災で焼失し、現在のものは明治の建造である。

東寺と西寺

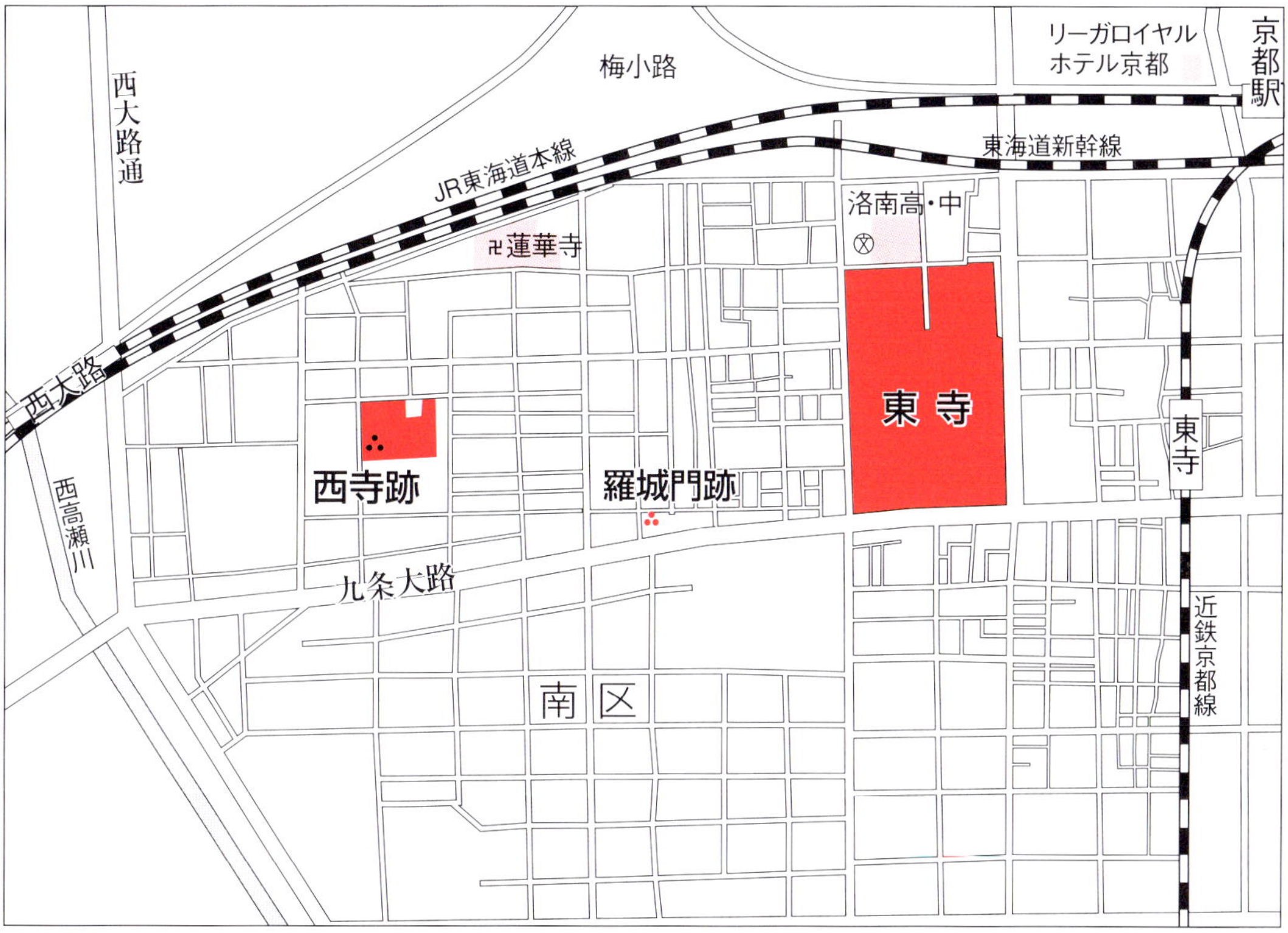

東寺は、南区九条町にある東寺真言宗の総本山。現在の宗教法人名は「教王護国寺」だが、教王護国寺を正式名称、東寺を通称にするのは明治以降のことで、特殊な場合を除いては、平安時代以来一貫して東寺という名称が用いられていた。また、羅城門は朱雀大路の南端にあり、京外との境に立っていた。内外ともに溝があって橋がかけられていた。しかし、平安時代の羅城門は次第に荒廃し、『今昔物語集』は死骸が捨てられていたと伝えている。

史蹟　西寺阯
西寺は、平安京が遷都されてからすぐの796（延暦15）年頃から、平安京の入口にあたる羅城門の西側に、東寺（教王護国寺）と対称に造営された。金堂や講堂を中心として、南大門、中門、五重塔、僧房、食堂などが建ち、国家の寺として隆盛を誇っていた。寺域は、東西250m、南北510mあったという。

平安京と菅原道真

天神さんに伝わる道真の怨霊伝説

左遷に陥れられ無念の死を遂げた道真

「天神《てんじん》さん」の名前で親しまれている北野天《きたのてん》満宮《まんぐう》の境内《けいだい》には、合格祈願の絵馬が無数に掛けられている。北野天満宮では学問の神様として菅原道真《すがわらのみちざね》が祀《まつ》られているが、菅原道真は天神さんとして崇《あが》められ、神格化された一方、怨霊としての祟りも伝承されている。

八四五（承和《じょうわ》一二）年に誕生した道真は、学者一家の菅原家の中でも特に優秀な頭脳の持ち主だった。一八歳で文章生《もんじょうしょう》、続いて二六歳で二三〇年の間でわずか六五名しか合格者を出していない難関の官吏任官試験を突破している。

八八六（仁和《にんな》二）年、道真が四二歳のとき、讃岐《さぬき》の国司に任ぜられ、一度は都落ちを経験しているものの、八九〇（寛平《かんぴょう》二）年には再び京の地を踏み、出世街道を歩み始めた。

そして八九九（昌泰《しょうたい》二）年一月、道真はついに右大臣右大将へ昇り詰め、さらに従二位の地位を得た。異例ともいえる出世の早さだ。

しかし、道真の出世の裏側で、道真を失脚させる陰謀が企《くわだ》てられていた。

「道真は醍醐《だいご》天皇を降ろし、道真の娘が嫁いでいる斉世《ときよ》親王を天皇の座につけようと企んでいる」

これは、醍醐天皇と手を組んだ左大臣藤原《ふじわらの》時平《ときひら》の讒言《ざんげん》だ。その結果、道真ははるか九州の太宰府《だざいふ》への左遷が決まり、平安京を去ることを余儀なくされた。結局、道真は太宰府で無念の死を遂げるのだが、その死が道真を怨霊化させたのだった。

怒りの怨念はついに清涼殿を炎上させた

道真の死後、奇妙な出来事が次々と起きた。道真が最初に怨霊となって現れたのは、延暦寺第一三世座主《ざす》の法性房尊意《ほっしょうぼうそんい》の持仏堂《じぶつどう》であった。霊となった道真は復讐を遂げたいと意を述べた。反対した尊意は喉が渇いていたであろう道真の霊に石榴《ざくろ》をすすめたが、道真は怒り狂い、石榴を口に含んで妻戸《つまど》に向かって吐いた。すると石榴は炎となり、妻戸が燃え上がったという。

その後、密告者であった藤原時平が不慮の死を遂げ、道真の左遷に関与した貴族も続けざまに不可解な死を迎えた。

また、京の地にも水害や疫病などが蔓延《まんえん》し、朝廷はようやく道真の霊を鎮めようと、道真を元の地位だった右大臣に戻したうえ、正二位に昇進させた。

しかし、道真の霊は決して鎮まることなく、今度はついに清涼殿《せいりょうでん》炎上をもたらす。九三〇（延長《えんちょう》八）年六月二六日、激しい落雷が清涼殿を直撃したのだ。醍醐天皇も炎上事件より三か月後、崩御された。

さて、九四二（天慶《てんぎょう》五）年になって、道真の霊は多治比文子《たじひのあやこ》という女性の前に現れ、自分がかつて遊んだ思い出の地、右近馬場に祠《ほこら》を築くよう告げた。文子はとりあえず瑞垣《みずがき》をつくって道真の霊を慰めた。これが北野天満宮の発祥につながったといわれている。そして九九三（正暦《しょうりゃく》四）年、道真に正一位・太政《だじょう》大臣《だいじん》の地位が贈られた。道真の没後九〇年目のことであった。

主な天満宮・天神社

太宰府天満宮

天満天神、菅公霊妓ともいう。903(延喜3)年、道真が太宰府の南館(現在の榎社の辺り)で没すると、その地に祠妓が建立された。これが天満宮の起源と伝えられている。

北野天満宮

947(天暦元)年、神良種の子、太郎丸に託宣があり、北野朝日寺の僧最珍の尽力があって北野の右近衛府の馬場の地に神殿を造立。これが鎮座の起源となる。現在の社殿は豊臣秀頼が1607(慶長12)年に再建した。

晴明神社と安倍晴明

平安時代の陰陽師、安倍晴明ゆかりの神社

藤原道長の危機を救った数々の伝説

条堀川の晴明神社《せいめいじんじゃ》といえば、京の人々にとっては生まれてきた子供の名前をつけてもらうことで有名な神社であった。しかし、最近では、平安中期の宮廷陰陽師《おんみょうじ》、安倍晴明《あべのせいめい》ゆかりの神社として名をはせている。

陰陽師とは、中国伝来の陰陽五行説《いんようごぎょうせつ》によって天体観測を行ったり暦を作成する宗教者の一種で、同時に精霊である式神《しきがみ》を自在に操る呪術師。その陰陽師として最も有名なのが安倍晴明であり、藤原道長《みちなが》（九六九〜一〇二七）の政権確立時代と活躍が重なるため、道長の危機を救った数々の伝説が残されている。

法成寺の門から道長が入ろうとしたときのこと。可愛がっていた犬が異常に吠え、裾《すそ》をくわえて通らせまいとする。そこで道長は晴明を呼んで占わせてみた。すると、地面に呪いが込められた物が道長を呪詛《じゅそ》している者の手により埋められており、愛犬はその邪気を察知して吠えたという。さらに晴明は術を使い、呪詛している者が晴明の弟子であった道《どう》魔《ま》法師であることを突き止めた。道魔法師は、道長の政敵である藤原顕光《あきみつ》に依頼され、呪詛したことを白状した。

また、花山《かざん》天皇からも信任を受けていた。頭痛に悩まされていた花山天皇が晴明を召し、病気平癒を頼んだところ、晴明は帝の前世は大峰山《おおみねやま》で入滅した行者であり、その髑髏《どくろ》が岩に挟まっているという。さらに晴明はその髑髏を取り出し、広いところに安置すれば頭痛は治ると告げた。卜占《ぼくせん》通りにすると、花山天皇の病は見事に治まったと伝えられる。

晴明桔梗と呼ばれる五芒星は陰陽道の祈祷呪符の一つ

平安後期の『今昔物語集《こんじゃくものがたりしゅう》』では、晴明に関してこのような話が残されている。

修行時代、晴明は賀茂忠行《かものただゆき》とその息子の保《やす》憲《のり》に師事し、陰陽道の術を学んでいた。ある日、忠行のお伴に出かけた際、晴明は恐ろしげな鬼どもが前方から向かってくることに気がついた。そこで晴明は牛車《ぎっしゃ》の中で眠っていた忠行を起こし、術を使って隠れ、命を取り留めることができた。それをきっかけに、忠行は晴明の陰陽師としての資質を認め、その後、陰陽道の奥義のすべてを伝授したという。

さて、晴明は一条戻橋《いちじょうもどりばし》の北に邸宅を構え、一条戻橋の下に式神を石櫃《いしびつ》に入れて隠していた。現在の晴明神社の敷地が邸の一部であり、境内を本殿へ進むと、御神燈《ごしんとう》の五芒星《ごぼうせい》が目につくことだろう。これは晴明桔梗《ききょう》と呼ばれる陰陽道の祈祷《きとう》呪符の一つで、万物の除災清浄を意味しており、魔除けの印でもある。

晴明神社に伝わる『安倍晴明宮御社伝書』によると、安倍晴明の死去を惜しんだ上皇が生誕の地に晴明を祀らせることを晴明の子孫に命じ、死後二年後の一〇〇七（寛弘《かんこう》四）年に晴明神社が建立されたと記されている。晴明神社は今でも魔除けや厄除けの神社として信仰を集めており、本殿の北寄りにある晴明の念持力で湧出したという霊水「晴明水」は、飲用すると悪病や難病が治癒するともいわれている。また、二〇〇五（平成一七）年には、安倍晴明没後一千年祭が行われた。

安倍晴明ゆかりの地

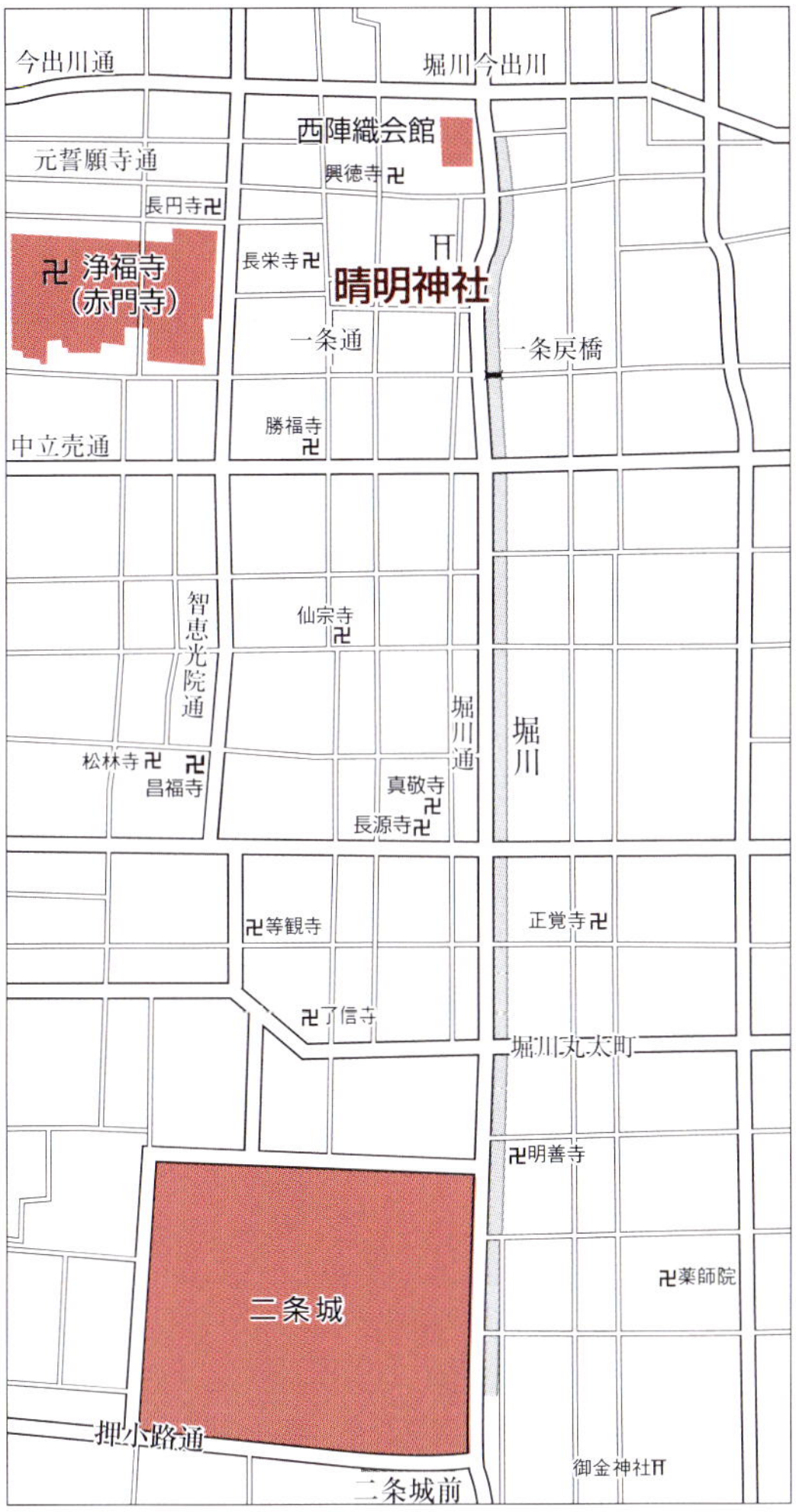

晴明神社の神殿。ここでは神殿以外にも、魔除けの意味がこめられた五芒星が描かれている。

晴明神社の鳥居。左右には狛犬が配されている。

藤原氏ゆかりの幻の寺院

藤原家の氏寺だった法性寺と極楽寺

百棟超の堂塔伽藍を建立　その後は東福寺に吸収

かつて、現東山区から伏見区にかけて、実に現在の東福寺《とうふくじ》の約五倍もの広さを持った寺が存在していた。これは藤原家の氏寺となった法性寺《ほっしょうじ》で、九二四（延長二）年、藤原基経《もとつね》の子、忠平《ただひら》によって建立された。その後、兼家、道長を経て忠平の八代の孫にあたる忠通《ただみち》に至るまでの間に建増を繰り返し、金堂、五大堂、灌頂堂《かんじょう》、三昧堂《ざんまい》など、一〇〇棟を超える堂塔伽藍《がらん》が建てられた。北は法性寺大路（現伏見街道）一の橋（泉湧寺通）、南は稲荷山《いなりやま》、西は鴨川《かもがわ》、東は東山山麓におよぶ広大な寺域をなしていたという。『大鏡《おおかがみ》』によると、忠平が幼少の頃、この付近を通った際、父に「ここにこそよき堂所なんめれ。ここにたてさせ給へかし」と話し、後に建立したと記されている。

さて、藤原忠平は、兄である時平《ときひら》の讒言《ざんげん》により太宰府に流罪《るざい》となり、無念の死を遂げた菅原道真《すがわらのみちざね》の怨霊を北野の地に祀った。時平は怨霊の祟りにより没落したが、忠平は怨霊を祀ることによって御霊《ごりょう》としたのだ。その社、北野天満宮を藤原家の鎮守社とし、一方では道真の化身とも推測される千手観音を祀る法性寺を建て、氏寺としたといわれる。

北野天満宮と法性寺により藤原摂関《せっかん》家は安泰となり、子孫は繁栄した。ところが「法性寺殿」と呼ばれた忠通に対し、「後法性寺殿」と呼ばれた兼実《かねざね》の孫の道家は、法性寺を捨て新たに禅寺「東福寺」を法性寺の寺域に建立している。奈良の東大寺と興福寺の両方から一字ずつ名をとった寺名である。これは、鎌倉幕府の意を迎えるためだったともいわれるが、結果的には法性寺は東福寺に吸収されることになる。

現在、法性寺五大堂の不動明王《ふどうみょうおう》は東福寺同《どう》聚院《じゅいん》不動堂に、観音堂の千手観音は東福寺近隣の尼寺である現法性寺に安置される。また忠通の時代、新御所として建てられた浄光明院に置かれていた丈六阿弥陀如来《じょうろくあみだにょらい》は、京都国立博物館に宝蔵されていたが、その後、東福寺へ帰っている。国宝、重文の多い寺として有名である。

天皇の琴の爪を捜索、発見した場所に極楽寺創建

法性寺以前に、藤原忠平の父基経はやはり藤原家の氏寺として近くに極楽寺《ごくらくじ》を創建していた。近世には極楽寺村の名もあり、現在の伏見区、七面山から深草《ふかくさ》宝塔寺山町の宝塔寺《ほうとうじ》、深草坊町の瑞光寺《ずいこうじ》に至る地を占めていた。

建立については『大鏡』によると、仁明天皇が芹川行幸の際、愛蔵の琴の爪を落とされたことに端を発する。当時、基経は童殿上、つまり天皇に仕える童子であり、その日も行幸に従った。爪の捜索を命じられた基経は「爪が現れた所に寺を建てよう」と念じたところ、爪が出てきたという。そこでその地に、基経は後年極楽寺の建立に着手。しかし、基経の生存中には完成せず、基経の没後は時平、仲平、忠平が寺の造営を継承している。

なお、「御堂《みどう》」とも呼ばれる法成寺《ほうじょうじ》は、藤原道長が造営した摂関《せっかん》家全盛期を象徴する大寺で、その壮麗さは極楽に例えられ、『大鏡』や『栄華物語《えいがものがたり》』などに詳しく描かれている。

藤原氏ゆかりの寺

藤原氏の系図

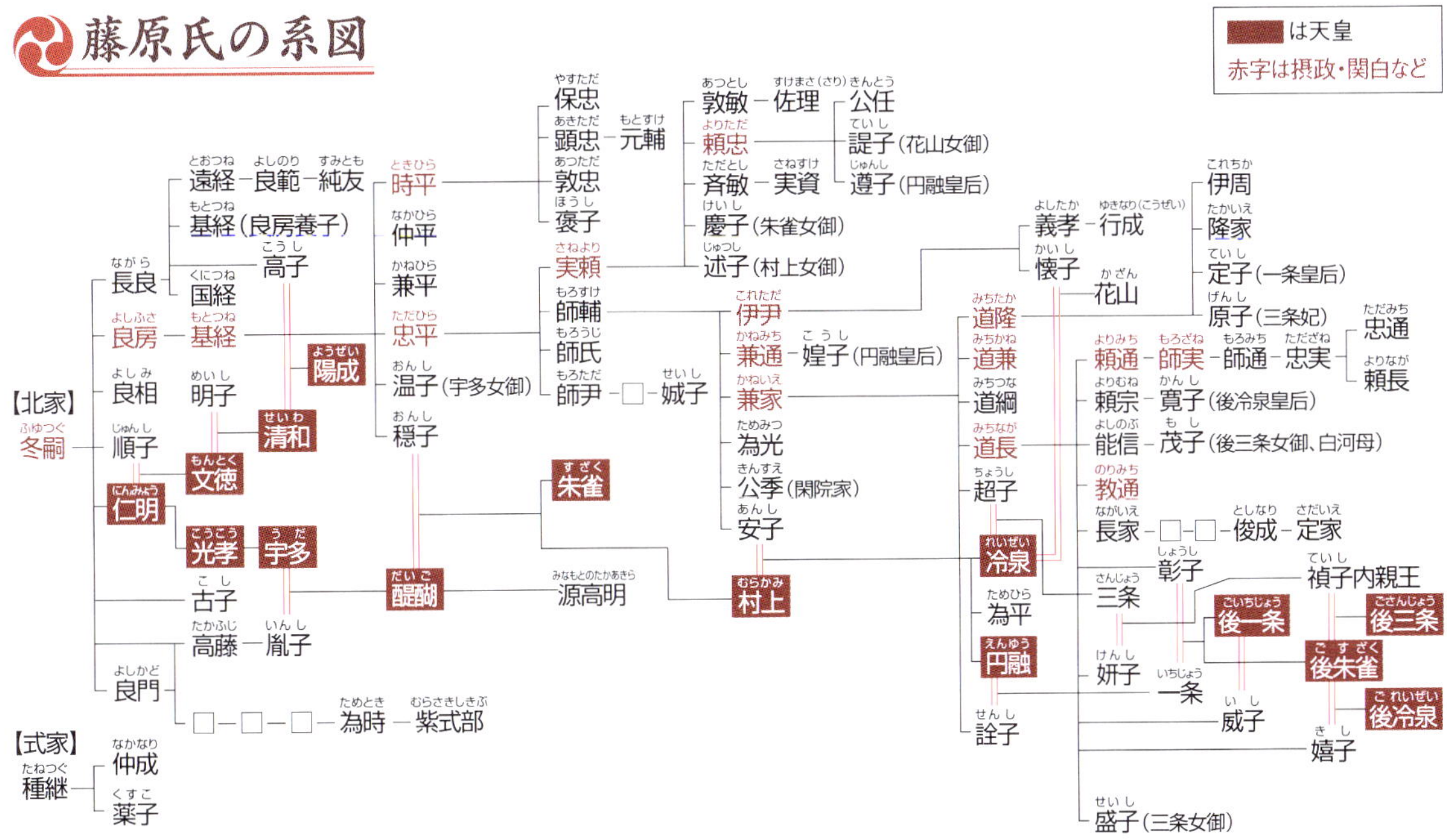

京都三大葬送地

火葬の煙が絶えなかった鳥辺野、化野、蓮台野

毎夜、母親の幽霊が出没する鳥辺野の怪

平安時代、京都には葬送の地があった。その代表的な地といえるのが鳥辺野《とりべの》、化野《あだしの》、蓮《れん》台野《だいの》だ。

「鳥辺野、船岡《ふなおか》、さらぬ野山にも、送る数多かる日はあれど、送らぬ日はなし」『徒然草《つれづれぐさ》』にて吉田兼好《よしだけんこう》が野辺送《のべおく》りをしない日、つまり人の死なない日はないと記した通り、鳥辺野から火葬の煙が立ちこめない日は一日たりともなかった。この鳥辺野界隈《かいわい》は、東山三十六峰《ひがしやまさんじゅうろっぽう》（52ページ）の一つである阿弥《あみ》陀ケ峰《だがみね》の麓に位置し、平安時代は葬送地であり、冥土《めいど》への入口をなしていることから人が容易に近づける場所とは言い難かった。周辺には現在でも多くの寺や墓地、斎場がある。

鳥辺野の麓には、こんな伝説が残されている。六道珍皇寺《ろくどうちんのうじ》から東大路へ向けて坂道を上ったところに一軒の飴屋《あめや》がある。ある日の夕暮れ、店の主人が店終いをしようと思ったところ、若い女が飴を買いに来た。以来、女は毎晩飴を買いに来るようになった。その様子が尋常ではなかったため、主人は女の後をつけてみた。女は鳥辺野の墓地へ姿を消したという。そこで主人は寺の住職とともに最近埋葬された女の墓を掘り起こしてみることにした。すると、墓の中から生きた赤ん坊がみつかり、脇には女が買い求めた飴が散らばっていた。

閻魔大王が鎮座する風葬の地、蓮台野

やはり葬送地であった嵯峨野《さがの》化野は、化野念仏寺《ねんぶつでら》で知られている。このあたりも風葬の地であり、後年は土葬の地となった。遺棄された、野ざらしにされた死体を哀れに思った弘《こう》法大師《ほうだいし》が、化野念仏寺の礎となる如来寺《にょらいじ》を平安時代初期に建立したことから供養が始まったといわれている。

ここにはおよそ八〇〇〇体の無縁仏が祀られ、毎年八月二三、二四日には無縁仏の精霊にロウソクを灯す千灯供養《せんとうくよう》が行われている。

船岡山の西側一帯を指す蓮台野も平安時代の初めは風葬の地であった。とりわけ枝垂《しだ》れ桜で有名な上品蓮台寺《じょうぼんれんだいじ》は、蓮台野墓地の墓守として建立された。

皇族の火葬も行われるようになり、後白河《ごしらかわ》天皇の第一皇子である後の二条《にじょう》天皇も、蓮台野の地で荼毘《だび》に付された。

また、上品蓮台寺の墓地には源頼光《みなもとのらいこう》の墓がある。この周辺には、かつて妖怪土蜘蛛《つちぐも》が棲んでいたといわれ、頼光が土蜘蛛を退治したという言い伝えが残されている。ある夜、原因不明の熱病に冒されていた頼光のもとに僧の姿をした土蜘蛛の妖怪が現れた。頼光が名刀で斬り付けたところ、土蜘蛛は上品蓮台寺内の古塚に逃げ込んだという。

なお、上品蓮台寺の「上品」は、極楽浄土《ごくらくじょうど》での位が高いことを意味している。ただし、この地位につくには、上品蓮台寺より南にある引接寺《いんじょうじ》にて閻魔《えんま》大王に会い、そこで裁きを受ける必要があったという。引接寺は別名「千《せん》本《ぼん》閻魔堂」の名で親しまれており、閻魔の庁を模した本堂には巨大な閻魔大王の像が安置されている。

鳥辺野周辺図

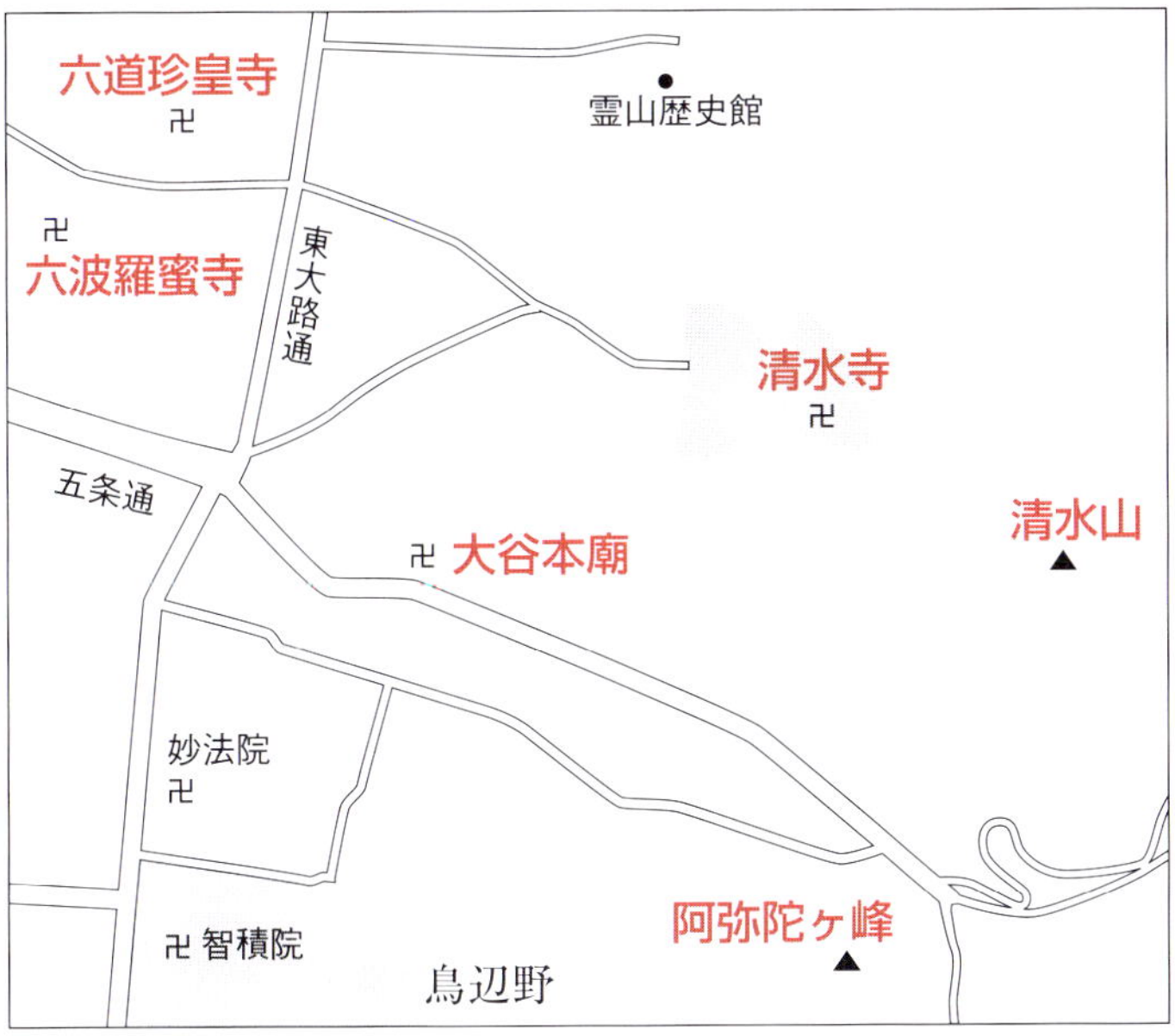

六道珍皇寺
中世以来、冥府とこの世の出入口にあたると信じられ、亡者の精霊迎えの信仰で栄え、「六道さん」の名で親しまれた。今日でもお盆前にはあの世から亡者の精霊を迎えるための人々でにぎわう。

化野周辺図

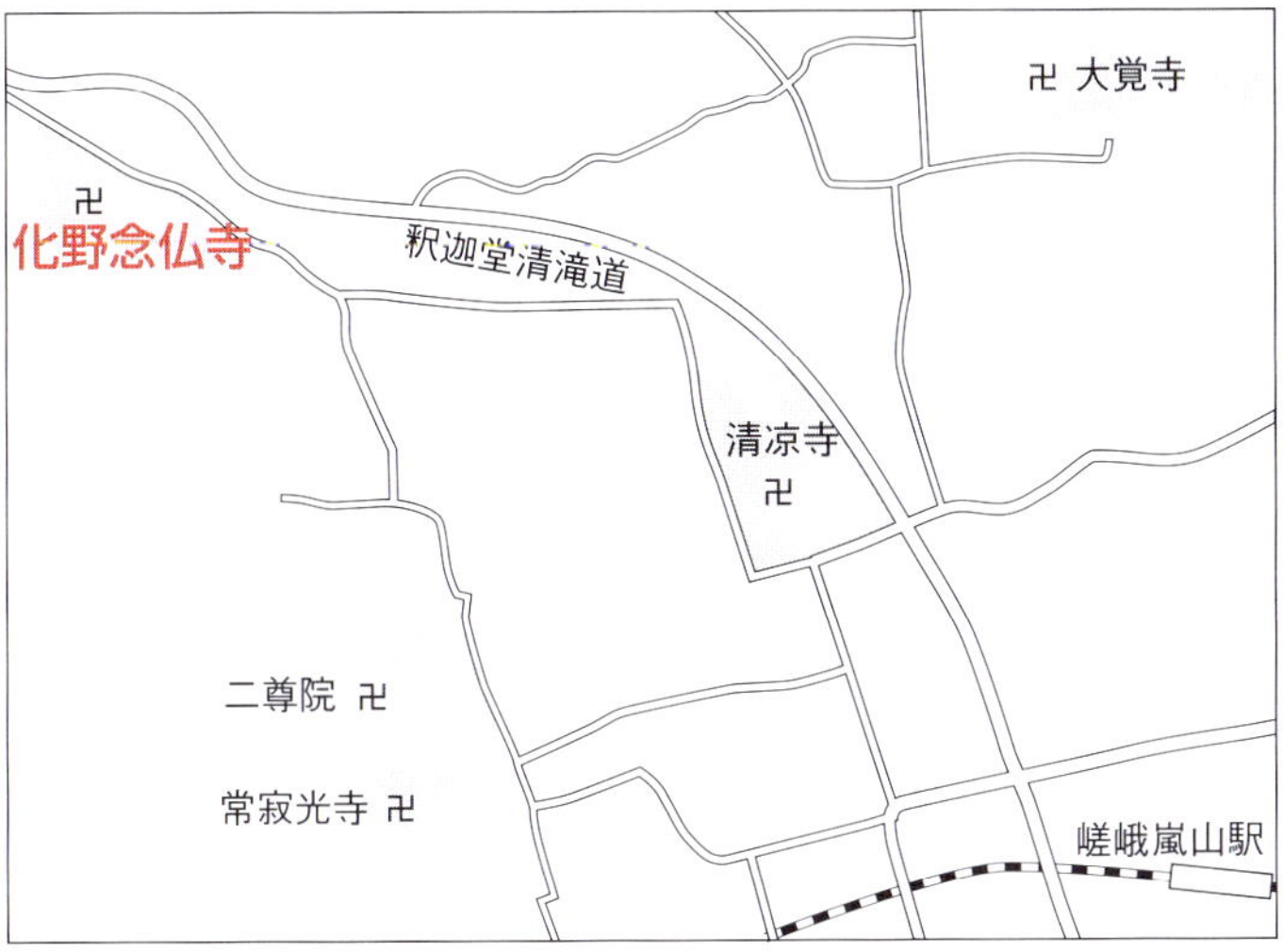

化野念仏寺
葬送や死者の追善供養の寺として、その歴史をたどる。8000あまりの石塔は、近代、陰徳を積むことを宗旨として付近から集められた無縁の石塔である。毎年８月の地蔵盆には千灯供養が行われている。

蓮台野周辺図

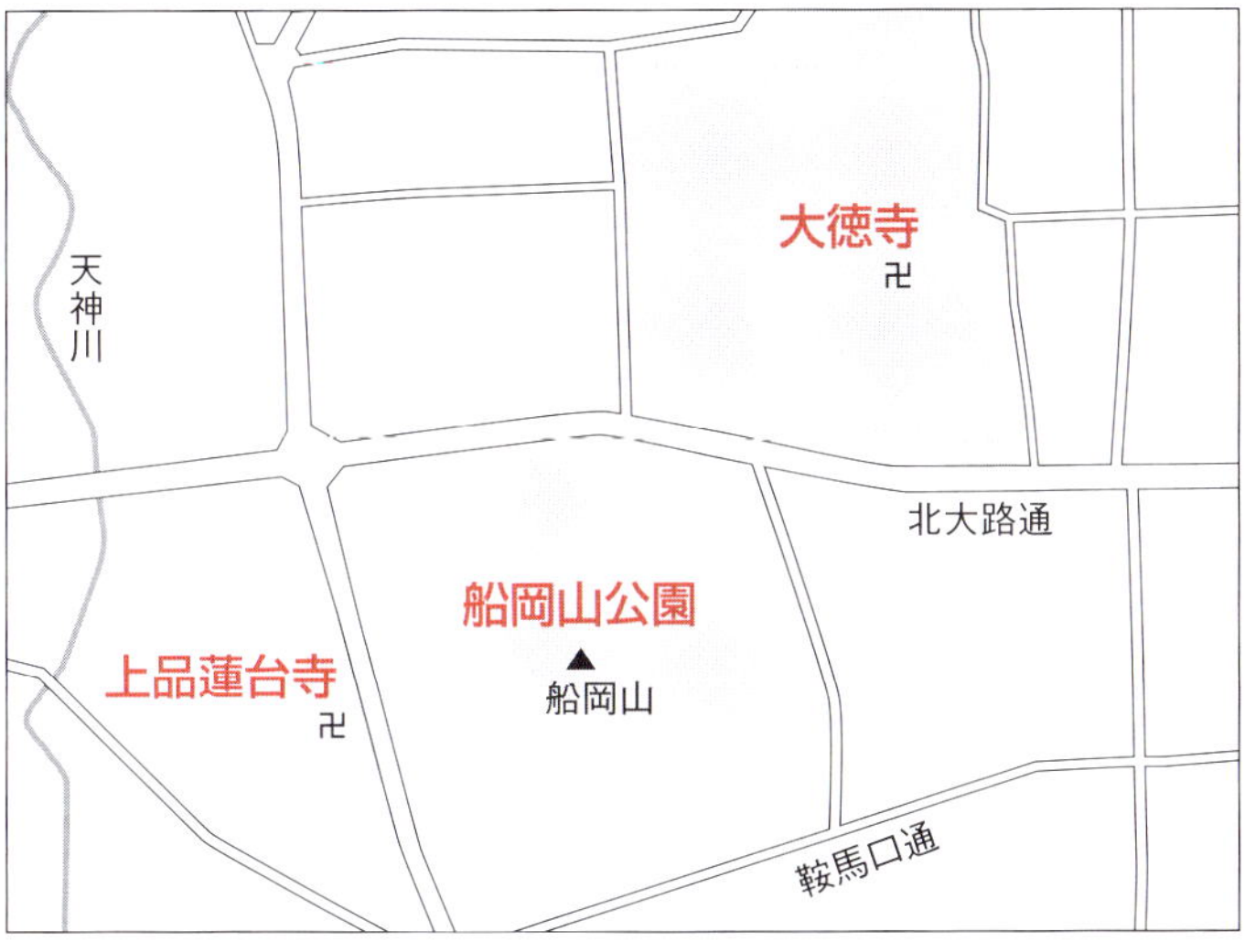

上品蓮台寺
10世紀半ば頃に寛空が創建した香隆寺の後身。俗には「九品三昧院」あるいは「十二坊」と呼ばれる。京都の葬送地の１つである、船岡山の西の蓮台野にあり、葬送菩提の寺として栄えた。

雨乞いの霊場

龍は水の神様、「雨たもれ」と人々は唱えた

神泉苑に龍参りて都に雨が降る

太古は湖だった京都盆地はその後湿地となり、かなり干上がってから平安京《へいあんきょう》が造営されたとはいえ、中央付近には乾ききらない部分が残されていた。そこを無理に排水することなく、むしろ積極的に残して大内裏《だいだいり》の苑池として《し》できたのが、現在の二条城の南側に位置する神泉苑《しんせんえん》である。

奈良の平城京《へいじょうきょう》と平安京を比較した際、平安京は水に執着したともいわれている。神泉苑こそ、水への執着の象徴的存在かも知れない。

京都には様々な龍伝説が残されているが、特に神泉苑を舞台としたものが多い。

例えば『今昔物語集』にはこんな龍伝説が残される。昔、ある天皇の時代、京都では長引く日照《ひで》りのため作物が枯れ果ててしまった。これを見かねた天皇が、弘法大師《こうぼうだいし》に「雨を降らせることができるか」と尋ねたところ、「私はその法を心得ています」と答え、弘法大師は神泉苑のほとりに祭壇を築き、雨乞《あまご》いの祈《き》禱《とう》を始めた。七日間ほど祈ると、祭壇から頭上に五寸ほどの金色の蛇を乗せた大蛇が現れ、やがて池の中に姿を消した。それは天竺《てんじく》に住む善女龍王《ぜんにょりゅうおう》が神泉苑に参られたことを意味し、そのうちににわか雨が降り出したという。

水の霊力を具現化した生き物が龍だといわれており、雨乞いとはまさしく龍に祈る行事なのである。神泉苑の池の水は今でも湧き出ており、弘法大師による雨乞いの祈禱を偲《しの》ぶことができる。

京都各地でみられる雨乞いの儀式

京都一帯において、雨乞いの儀式儀礼は他でもみることができる。亀岡《かめおか》市で毎年四月に行われる「出雲風流花笠踊《いずもふうりゅうはながさおど》り」は、中世から近世にわたって盛大に行われてきた雨乞いの芸能だ。桜や紅葉など四季の花笠を被り、太鼓を叩きながら踊る。

また、宇治田原町《うじたわらちょう》では大滝にウナギを投げ入れ、「雨たもれ、龍王の、天に汁気はないかいな」の言葉を唱えながら雨乞いを行う儀礼が毎年九月一日に行われている。

いずれも民衆の手による雨乞いだが、朝廷も多くの雨乞いを行ってきた。貴船《きぶね》神社では毎年三月九日に雨乞祭が催され、やはり「雨たもれ、雨たもれ、雲にかかれ、鳴神《なるかみ》じゃ」との言葉が唱えられる。雨たもれの言葉が共通しているのが興味深い。

貴船神社と同じく賀茂川《かもがわ》の源流に位置し、洛北雲ヶ谷の北西にそびえる岩屋山にある志《し》明院《みょういん》でも、毎年四月に飛龍権現の祠《ほこら》の前で護《ご》摩《ま》を焚《た》いて雨乞いの儀式が行われる。

護摩洞窟《どうくつ》と呼ばれる岩窟は、志明院の高僧鳴神上人が宮廷への怨みから龍神を閉じ込めてしまった場所である。鳴神上人の思惑通り、京の地は日照りが続き、一滴の雨さえ降らなくなった。そこで宮廷は「雲の絶え間姫」という美女を岩屋へ派遣し、鳴神上人と恋に陥るよう仕向けた。すると、鳴神上人は姫の美しさに惑わされ、酒に酔いつぶれた。そこを見計らい、姫は岩屋の注連縄《しめなわ》を切って龍神を空へ解き放ったという。歌舞伎十八番『鳴神』で登場する有名な龍伝説である。

霊場・貴船周辺図

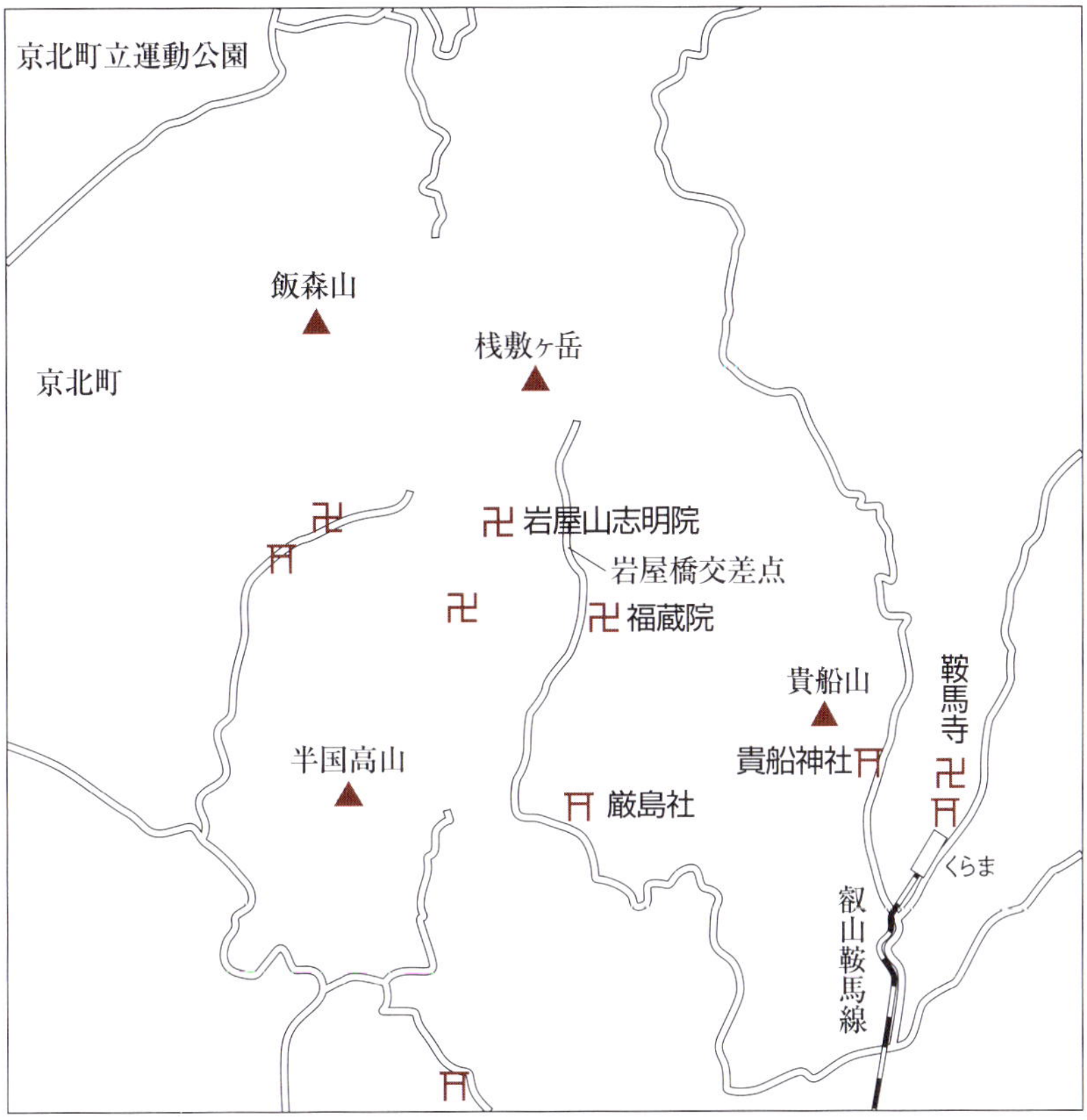

亀岡市の位置

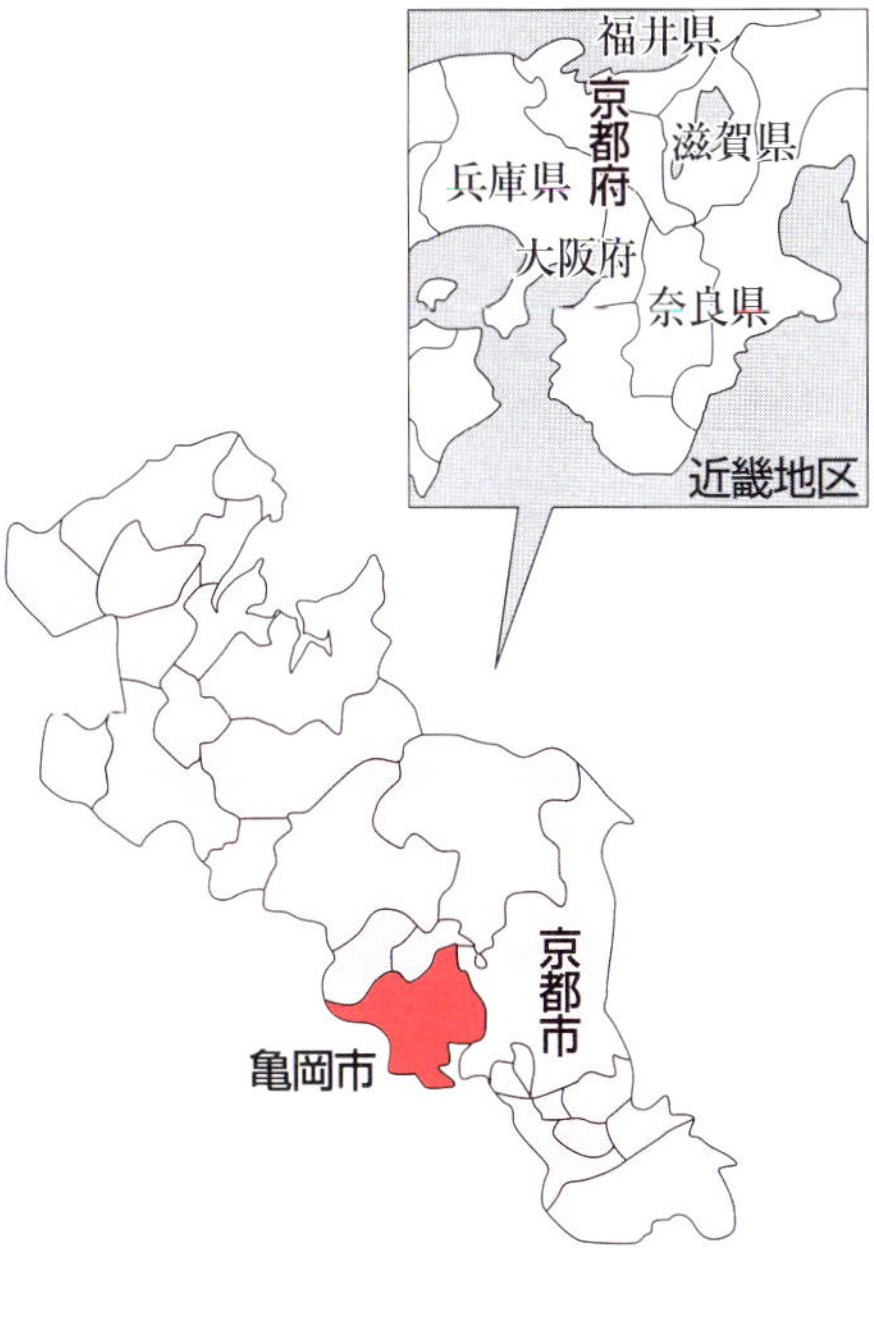

「出雲風流花笠踊り」の風景
(写真提供　亀岡市商工観光課)

西国三十三所巡礼と町堂

庶民の生活に根づいた観音信仰と町堂の完成

観音霊場をめぐる西国三十三所巡礼

　平安末期から鎌倉時代になると、京都では農業生産の発展に合わせて手工業による産業も活発になってきた。経済的にもゆとりが生まれたのだろう、人々は神社、寺への参詣《さんけい》を行う習慣も身に付けた。その代表的なものの一つが伊勢、熊野をめぐり、南紀、奈良、京都、兵庫、滋賀の観音霊場《かんのんれいじょう》を参拝して巡礼する「西国《さいごく》三十三所巡礼」だ。

　この三三という数字は、法華経《ほけきょう》の中の観世《かんぜ》音菩薩普門品《おんぼさつふもんぼん》において、観世音菩薩が三三の化身をして衆生《しゅじょう》を救うという思想から発せられている。いつ頃から始まったかについては定説がないが、京都での霊場は一一番上醍醐《かみだいご》寺《じ》、一五番観音寺《かんのんじ》、一六番清水寺《きよみずでら》、一八番頂《ちょう》法寺《ほうじ》（六角堂《ろっかくどう》）、一九番行願寺《ぎょうがんじ》（革堂《こうどう》）、二〇番善峯寺《よしみねでら》の七か寺があり、宇治や大津を含めると計一一か寺にもなる。

　また、京都の人々の間にだけ流行した巡礼もある。例えば一番の頂法寺（六角堂）に始まり、三三番の清和院《せいわいん》で終わる洛陽《らくよう》三三か所観音の巡礼や、あるいは元三大師《がんさんだいし》巡拝一八か所、弘法大師《こうぼうだいし》二一か所参り、洛陽法華二一か所参りなど、一日ないし二日で回れる巡礼が信仰の現れとして行われていた。

　時代を経るにつれ、宗教行事もまた年中行事として、人々の生活の中に取り入れられた。元旦には般舟院《はんじゅいん》にて元三大師画像、五日は東寺で五百羅漢《らかん》の画像、一五日には嵯峨《さが》清涼寺本尊釈迦《しゃか》像の開帳《かいちょう》が行われ、さらに一六日には千本閻魔堂《せんぼんえんまどう》と鹿苑寺《ろくおんじ》では石不動《ふどう》参りで賑わいをみせた。

　これらは本山参りや西国三十三所巡礼と一体となり、庶民の生活および経済と深い関わりを持つことになる。

町堂は町衆の結び付きの場

　応仁《おうにん》の乱（一四六七〜七七）を経た頃になると、庶民の間で拡がった観音信仰を土台として、町組ごとに上層の商工業業者が中心となって団結された町衆らが町政を運営し、京都の復興に尽力するようになる。例えば革堂や六角堂、因幡薬師堂《いなばやくしどう》（平等寺《びょうどうじ》）は宗派を超えて信仰を集めたばかりでなく、町衆の精神的な結び付きの場として町組の集会場「町堂《ちょうどう》」となり、いわば町衆による議会の場としての役目を担うようにもなった。

　折りに触れて町堂に集まった町衆は、祀《まつ》られた観音や薬師《やくし》、地蔵《じぞう》などの仏像に現世の利益を祈願し、同時に乱世においての自治を図るための場として町堂を利用したわけだ。例えば野武士や一揆《いっき》など、侵入者が現れた際には堂の鐘を鳴らして警告した。

　このように町堂は大寺院のように権力者の祈願によって建てられたのではなく、庶民の力が大きく寄与することによってつくられ、運営された点において大きな意義を持つ。

　当時、町衆たちを結び付ける理念となったのは、日蓮《にちれん》が説く法華宗《はっけしゅう》であり、洛中でも数多くの法華の寺院が築かれている。一五三二（天文元）年の法華一揆には、三、四〇〇〇人もの「下京上京ノ日蓮町人」が六条本圀寺《ほんごくじ》に立て籠《こ》もっている。

西国三十三所巡礼

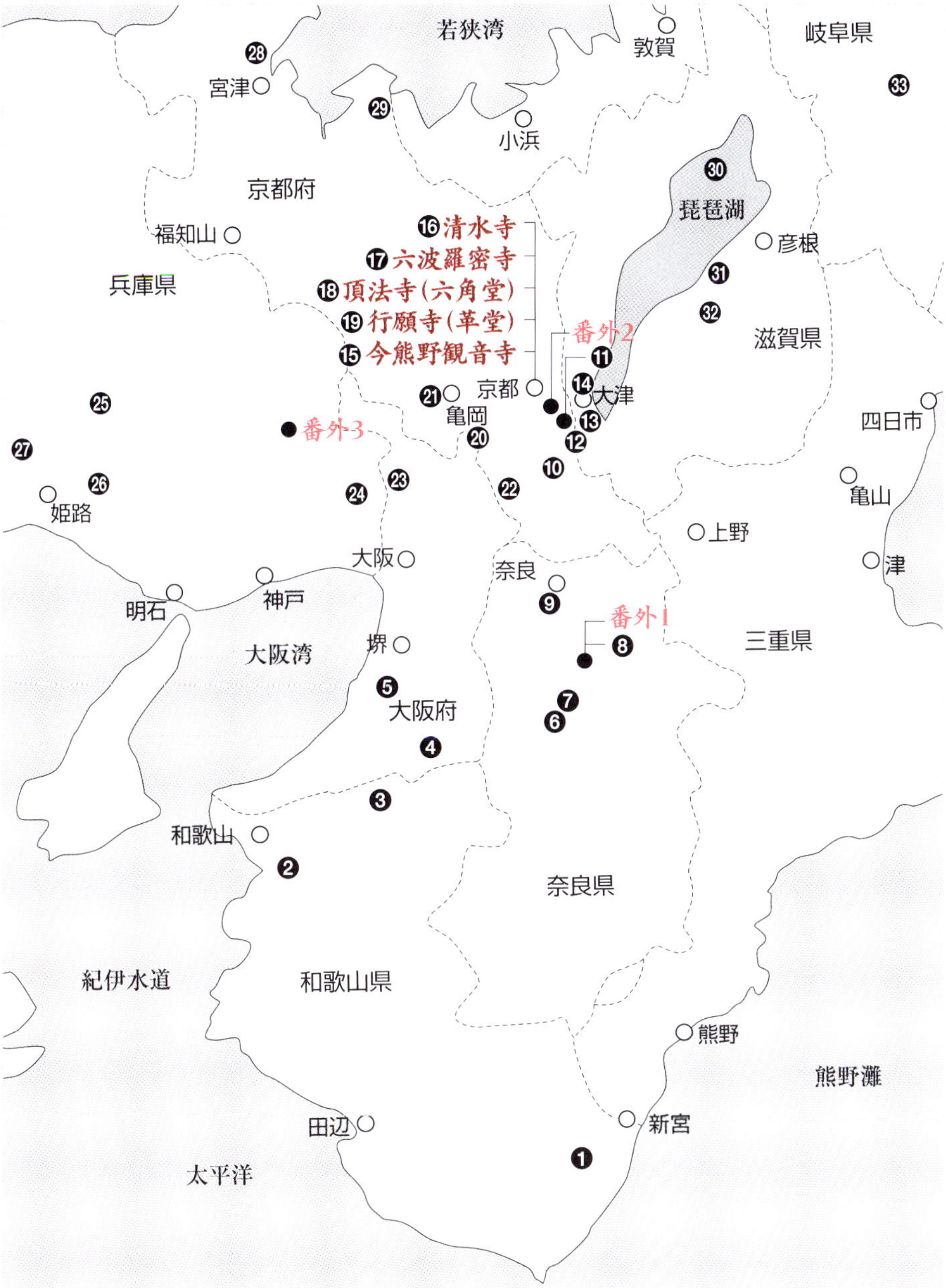

❶那智山 青岸渡寺
❷紀三井山金剛宝寺(紀三井寺)
❸風猛山 粉河寺
❹槇尾山 施福寺
❺紫雲山 葛井寺
❻壺阪山 南法華寺(壺阪寺)
❼東光山 龍蓋寺(岡寺)
番外1　豊山 法起院
❽豊山 長谷寺
❾興福寺 南円堂
❿明星山 三室戸寺
⓫深雪山 上醍醐寺
⓬岩間山 正法寺(岩間寺)
⓭石光山 石山寺
⓮長等山 園城寺(三井寺)
番外2　華頂山 元慶寺
⓯新那智山 観音寺
⓰音羽山 清水寺
⓱補陀洛山 六波羅蜜寺
⓲紫雲山 頂法寺(六角堂)
⓳霊麀山 行願寺(革堂)
⓴西山 善峯寺
㉑菩提山 穴太寺
㉒補陀洛山 総持寺
㉓應頂山 勝尾寺
㉔紫雲山 中山寺
番外3 東光山 花山院菩提寺
㉕御嶽山 清水寺
㉖法華山 一乗寺
㉗書寫山 圓教寺
㉘成相山 成相寺
㉙青葉山 松尾寺
㉚巌金山 宝厳寺
㉛姨綺耶山 長命寺
㉜繖山 観音正寺
㉝谷汲山 華厳寺

応仁・文明の乱

京都の三分の一を大乱の戦火で焼失

継嗣問題を契機に大乱勃発

平安遷都以来、時代の大転換をもたらした事件が勃発した。一四六七（応仁《おうにん》元）年に起きた応仁・文明《ぶんめい》の乱だ。室町幕府八代将軍足《あし》利《かが》義政《よしまさ》の跡目争いが契機となり、一〇年にもおよぶ戦いが展開されたが、その背景は少々複雑だ。将軍を補佐する管領《かんれい》家の畠山《はたけやま》・斯波《しば》両氏の跡目争いに、もう一方の管領家の細川《ほそかわ》勝元《かつもと》と四職の一つである山名宗全《やまなそうぜん》の権力争いが絡み、事態は深刻を極めた。

細川方と山名方との抗争は、一四六七年の正月に畠山義就《よしなり》が上御霊《かみごりょう》神社の境内《けいだい》に籠《こ》もっていた畠山政長《まさなが》を襲撃したことから始まった。その後、両軍合わせて二七万人もの兵力を繰り出すまでに発展し、両軍は堀川《ほりかわ》を挟んで対峙する。その位置関係から細川方を東軍、山名方を西軍と称すようになった。

なお、山名方が陣取った一帯が後に西陣《にしじん》と呼ばれるようになったのは有名な話だ。

戦いは西国の有力守護大名である大内政弘《おおうちまさひろ》の大軍が上洛《じょうらく》し、西軍に加担したことにより拡大の一途をたどった。とりわけ京都の焼亡はすさまじいものがあった。実に上京《かみぎょう》を中心に京都の三分の一ほどが戦火で焼かれた。

「汝や知る　都は野辺の　夕雲雀《ゆうひばり》　上《あが》るを見ても　落つる涙は」

応仁・文明の乱を題材に書かれた『応仁記《おうにんき》』にて、焼け野原と化した都を嘆き悲しみ歌われたものだ。

大乱は中央の権力闘争　京都北方地域が戦場の中心

やがて抗争は膠着《こうちゃく》状態に陥った。さらに両軍の総大将であった勝元と宗全が相次いで死んだため、戦意を喪失した両軍の大名はそれぞれ領国へ戻ることになった。戦乱の最中、国内の国人や守護代《しゅごだい》などが守護大名の地位を脅《おびや》かし始めたことも影響している。同時に下《げ》克上《こくじょう》の風潮が強まり、それはやがて始まる戦国時代の前兆ともいえた。

さて、応仁・文明の乱はいわば中央の権力闘争であったため、中心的な戦場となったのは武家や公家が集住していた京都の北方だった。戦乱が始まったと同時に、人々は京の都から避難し始め、公家や有名な僧侶たちが京都を離れたことも、この乱の隠れた特徴でもある。公家による全国各地での小京都建設（70ページ）や、宮中文化の地方への普及をもたらしたからだ。

一方、商工業者が多く住んでいた京都南方はどのような被害を被ったのだろうか。残された史料からは特に焼亡したとの記事はみつかっていない。さほど大きな被害を受けることなく、京都における経済活動は維持されていたようだ。そうでなければ、乱後の急速な復興は果たせなかったに違いない。ただし、それでも乱が生じる以前のような暮らしは不可能だったはずだ。

現在、京都の各地にて応仁の乱の遺跡をみることができる。上御霊神社、鳥居の南側には「応仁の乱勃発地」の石標が建てられ、相《しょう》国寺《こくじ》には義政の墓がある。さらに西陣の一角の路地には宗全邸跡の石標があり、町名を山名町としている。

応仁の乱による京都の焼失地域

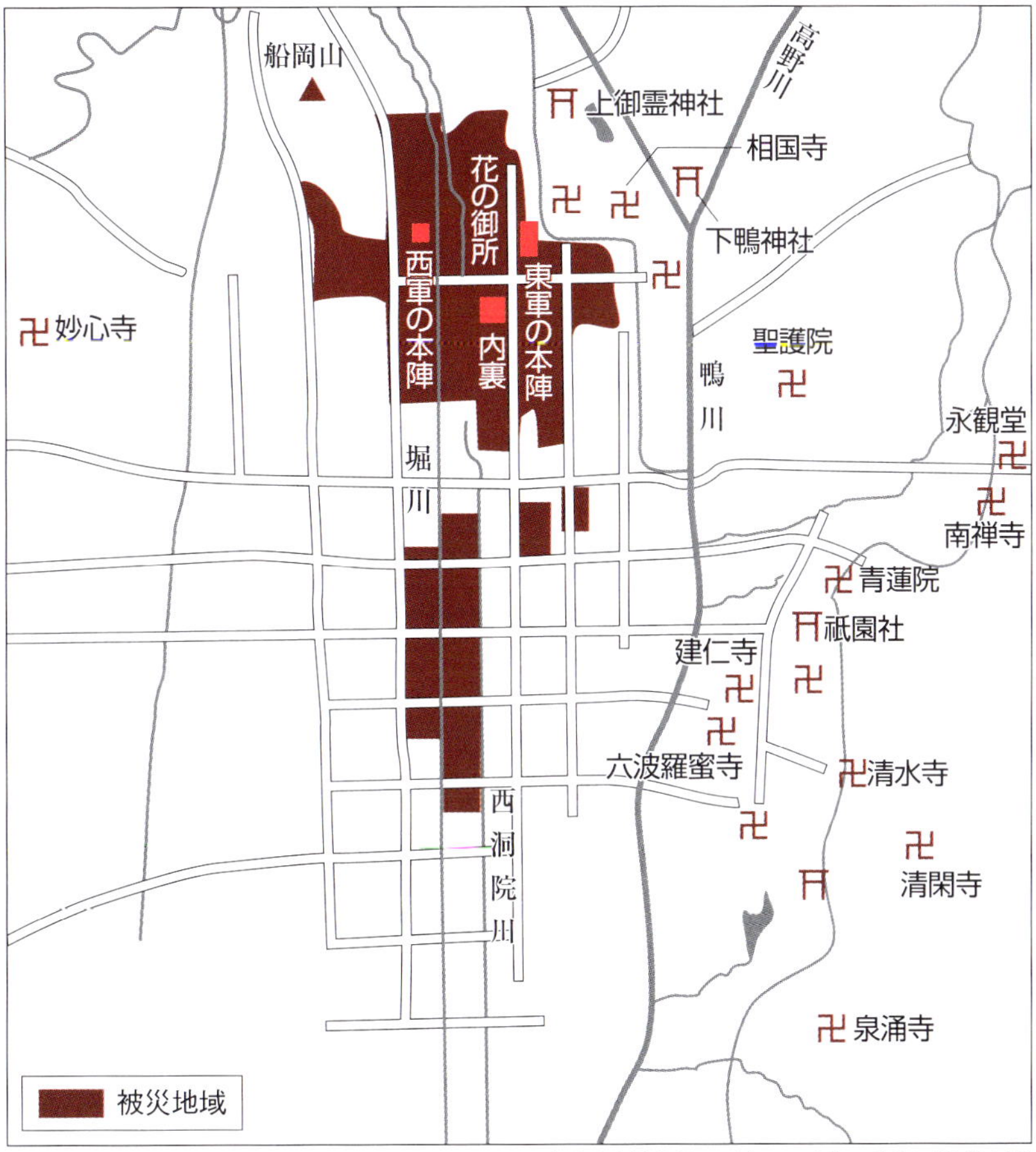

参考資料『京都の歴史3　近世の胎動』(學藝書林)

応仁の乱時の守護配置

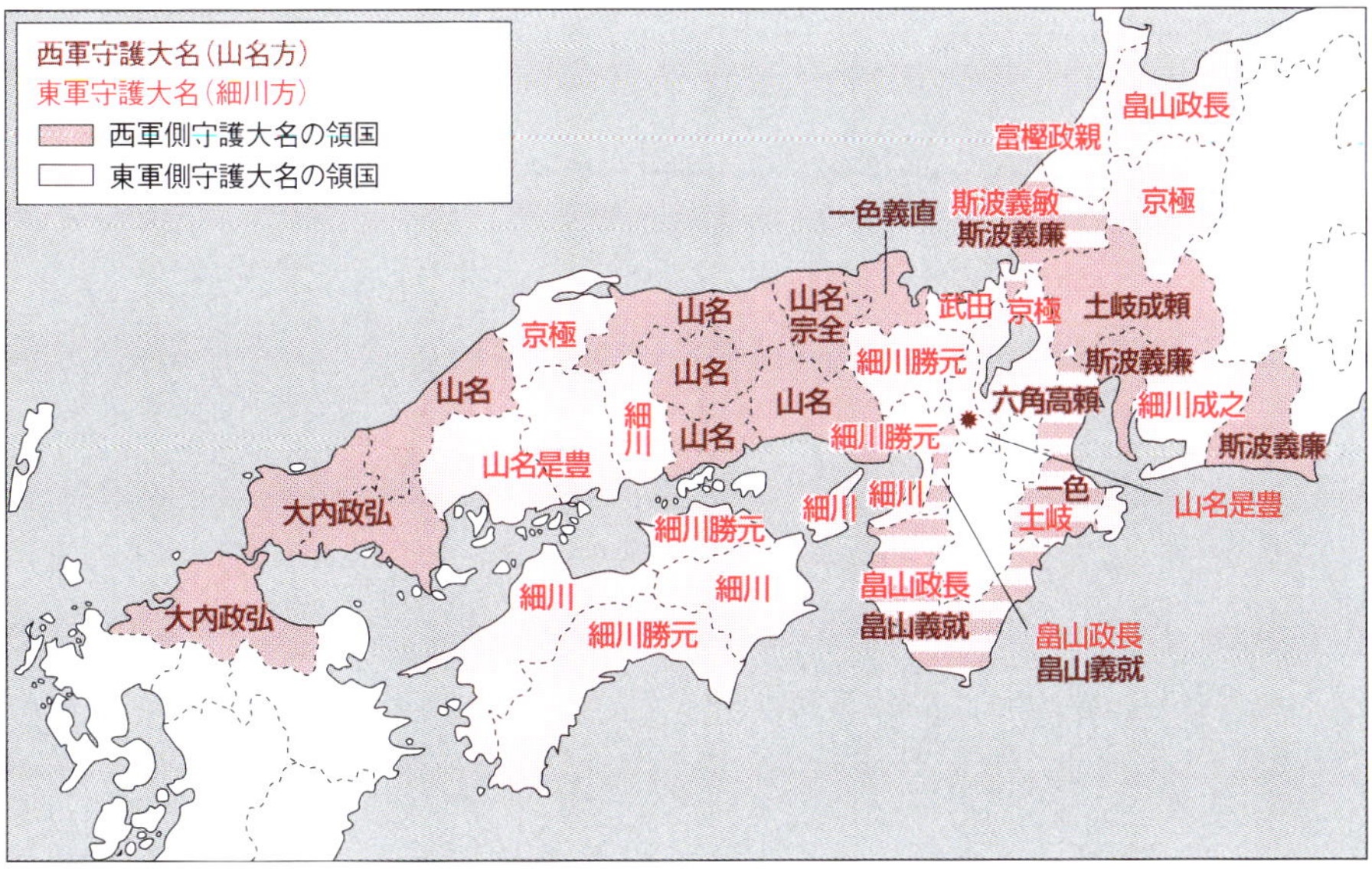

京における座の発展

課役免除や専売権を獲得した座

京都には百近い座が存在していた

京都の商工業者の多くは、禁裏《きんり》の供御人《くごにん》や寺社の寄人《よりゅうど》・神人《じにん》、あるいは権門勢家《けんもんせいか》の散所《さんじょ》雑色《ぞうしき》などになることによって保護を受け、課役免除の特権を獲得する代わりに、権門に対しては一定の貢納を果たす義務を課せられていた。そして彼らは特権を守り、自由な競争者の出現を防ごうと、排他的な性格を持つ座《ざ》を結成することになる。商品経済が発達し、多くの権門を抱える京都において、座が数多く出現したのは必然的なことであった。

この座は平安時代後期から現れるようになり、以後、安土・桃山時代までにおよそ百近い座が存在したといわれている。主に南北に走る町小路を中心に発達し、特に四条町や三条町、七条町などには町座と呼ばれた座が集中した。また、やはり平安時代後期から醍醐《だいご》の饗庭《あいば》市、淀《よど》の魚市のように、各地に市が現れてきた。

中世の商業では女性の存在を見逃すわけにはいかない。座の中でも六角町の生魚座や扇《おうぎ》座《ざ》はみな女性であり、錦座《にしきざ》の構成員も大多数を女性が占めていた。座における活動は、自分たちの特権確保が中心ともいえ、特権を破壊するような新勢力の出現は極力阻止しようとした。だが、商品経済の発展は、一つの座において独占を許したままにはさせず、新勢力が台頭し始めた一四世紀にもなると、座と座が独占権をめぐり訴訟を起こす争いにまで発展したところも見受けられる。

やがて失われていった座の特権

座の中でも特に大きな規模を維持していたのは大山崎の油商人（油神人《あぶらじにん》）と北野の麹座《こうじざ》だろう。大山崎は大坂と京都の中間の淀川沿いにあり、石清水八幡宮《いわしみずはちまんぐう》の西対岸に位置する。ここでは早くから油づくりが行われた。

山崎にあり、石清水八幡宮を本所とする離宮八幡宮に所属する油商人は、石清水に対して一定の油を納める義務を課せられていた一方、石清水が源氏の氏神であったため、油の専売権や原料買い付けのために諸国を往来する権利、あるいは一部においては課役が免除されるなどの特権を幕府から得ていた。しかし、応仁《おうにん》の乱が過ぎた頃には活動も衰え、他の地域の油商人の活発化に伴い独占権も失われていった。

また、北野《きたの》天満宮に属し、室町時代から活動を始めた北野の麹座は、洛中洛外での麹室《むろ》の独占権を得ている。京都での酒づくりは鎌倉時代から盛んになり、一五世紀初めには三四〇軒余りの酒屋があった。その酒屋への麹の供給を一任された麹座は、莫大な利益を獲得していた。しかし、麹座による独占も長くは続かない。酒屋は比叡山西塔の後ろ盾を得て一四四四（文安《ぶんあん》元）年、麹座による麹づくりの独占を訴えた。その結果、酒屋側の主張が認められ、麹座による麹独占は二十年余で終止符を打つこととなった。このように、南北朝時代頃から座による独占は薄れ始め、室町時代においては自己権益を守ろうとする勢力と、それを打破すべく勢力とが拮抗《きっこう》した状態で、京都の商工業は発展していった。

京都にあった座と市

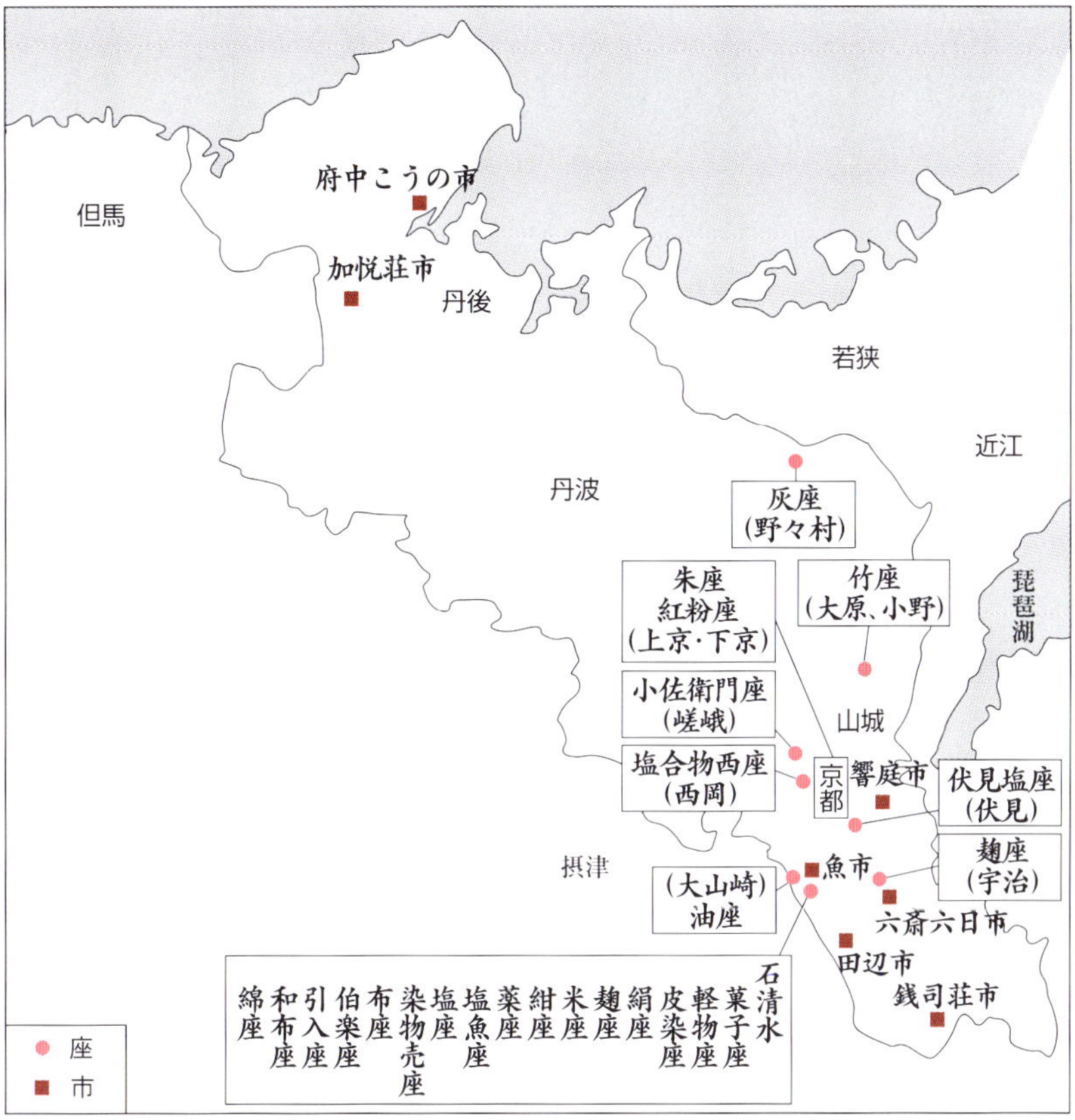

出典『図説　京都府の歴史』森谷尅久編(河出書房新社)

全国の座と市

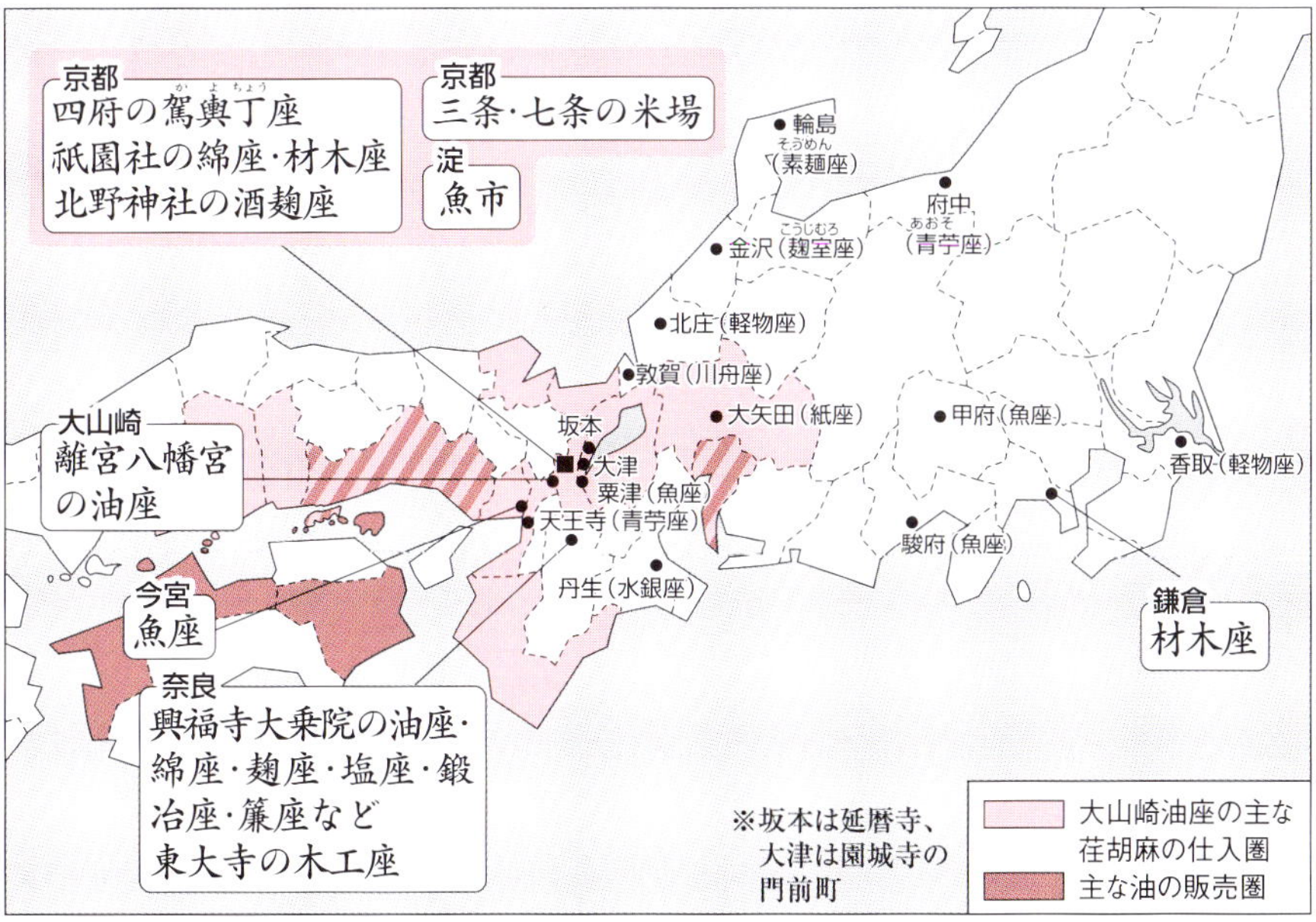

出典『国史大辞典』(吉川弘文館)

京の七口と関所

時代とともに変化した口の数と場所

口は出入口を意味し、関所もつくられた

東に粟田《あわた》口、荒神《こうじん》口、西に丹波《たんば》口、北に清《せい》蔵《ぞう》口、大原《おおはら》口、鞍馬《くらま》口、そして南に東寺《とうじ》口。これらは俗に京都でいわれる「京の七口《ななくち》」だ。この「口」とは出入口を意味し、鎌倉時代末期から室町時代初期の頃から使われ始めた。

しかし、実際には場所と名称を詳細に特定するのは難しい。というのも、時代によって口の場所が変動し、関所が置かれた位置も一定していなかったからだ。さらに、七口といっても実際には九つや十の口があった時期もみられ、別名として粟田口は三条橋口や大津口、また荒神口は今道《いまみち》の下《しも》口、丹波口は七条口、清蔵口は長坂口や北丹波口と呼ばれ、他にも鳥羽《とば》口や竹田口、五条橋口という名もあった。

では、七口の七は何を意味するか。万里小《までのこう》路《じ》時房《ときふさ》の日記『建内記《けんないき》』で「七道の口々」といった言葉が出てくる。これはおそらく、京都から出る七本の道といった意味ではなく、日本全国から京都へ入り、京都から全国へ向けて出ていく、その出入口だと考えられる。

例えば粟田口をみてみると、東には東海道、東山道、北陸道の三道に通じるが、京都から出る口としては一つである。つまり、京都と諸国を結ぶ主要な街道の数だけ口の数があり、それらは時代とともに変化するのも当然であろう。また、各口には関所が置かれた経緯もあり、室町幕府八代将軍足利義政《あしかがよしまさ》夫人、日野《ひの》富子《とみこ》は七口の関所で通行税を徴収することによって多くの富を得たといわれている。

さらに一六世紀末、豊臣秀吉が洛中に御土《おど》居《い》を築いた頃には、これらの口はかなり整備されることになった。それでもやはり、実際には七口よりも多くの出入口（＝口）があったようだ。七にこだわったのは、五畿七道の「七」のためかもしれない。

今でも地名として残っている口もある

順に各口をみていこう。粟田口は三条大橋に置かれ、江戸と京都を結ぶ最も重要な口であった。口の中でも古くからあり、平安時代から存在していたともいわれ、時代によっては三条大橋よりも東側の蹴上《けあげ》付近に置かれたこともある。荒神口は北白川から滋賀県坂本方面へ通じる白川街道の出入口にあたる。丹波口は七条通に接続し、山陰街道によって開かれた口だ。

また、清蔵口は清滝川沿いに延びる周山街道の出入口である京都北西隅、大原口は八瀬、大原を経て若狭《わかさ》に繋がる若狭街道の出入口であった。鞍馬口は鞍馬街道への出入口、当時の京都の東北端になる。

南に位置する東寺口は西国街道の出入口であり、山崎から摂津《せっつ》へと繋がっている。鳥羽口は淀へ向かう鳥羽街道の出入口、竹田口は伏見へ繋がる竹田街道の出入口、五条橋口は伏見口とも呼ばれ、伏見と宇治を結ぶ伏見街道の出入口だ。

これらの口は現在でも地名として残っているところもあり、各口をそれぞれ結んでみると、京都における洛中、洛外の境界線ができあがる。

京の七口(室町時代)

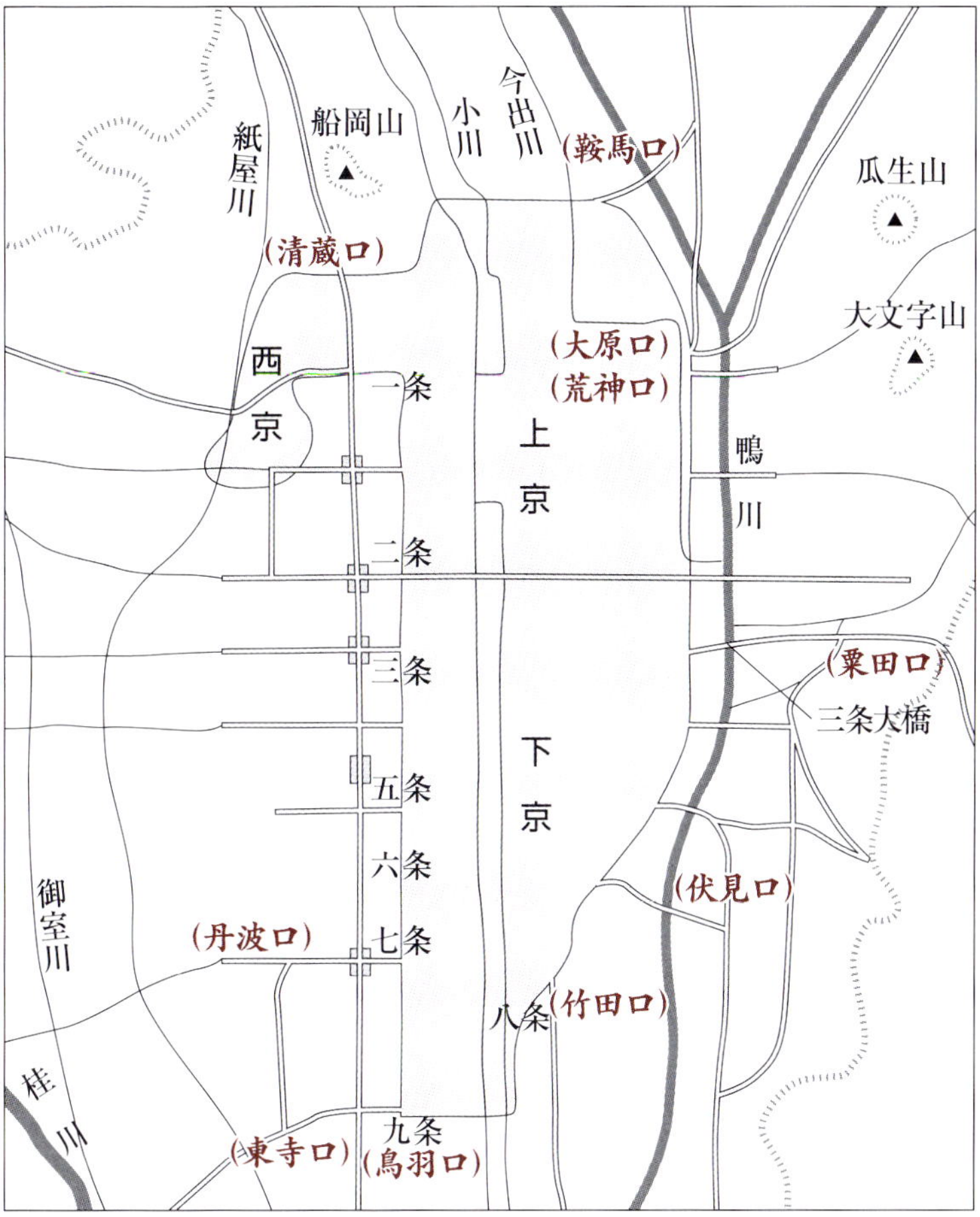

京都へつながる道

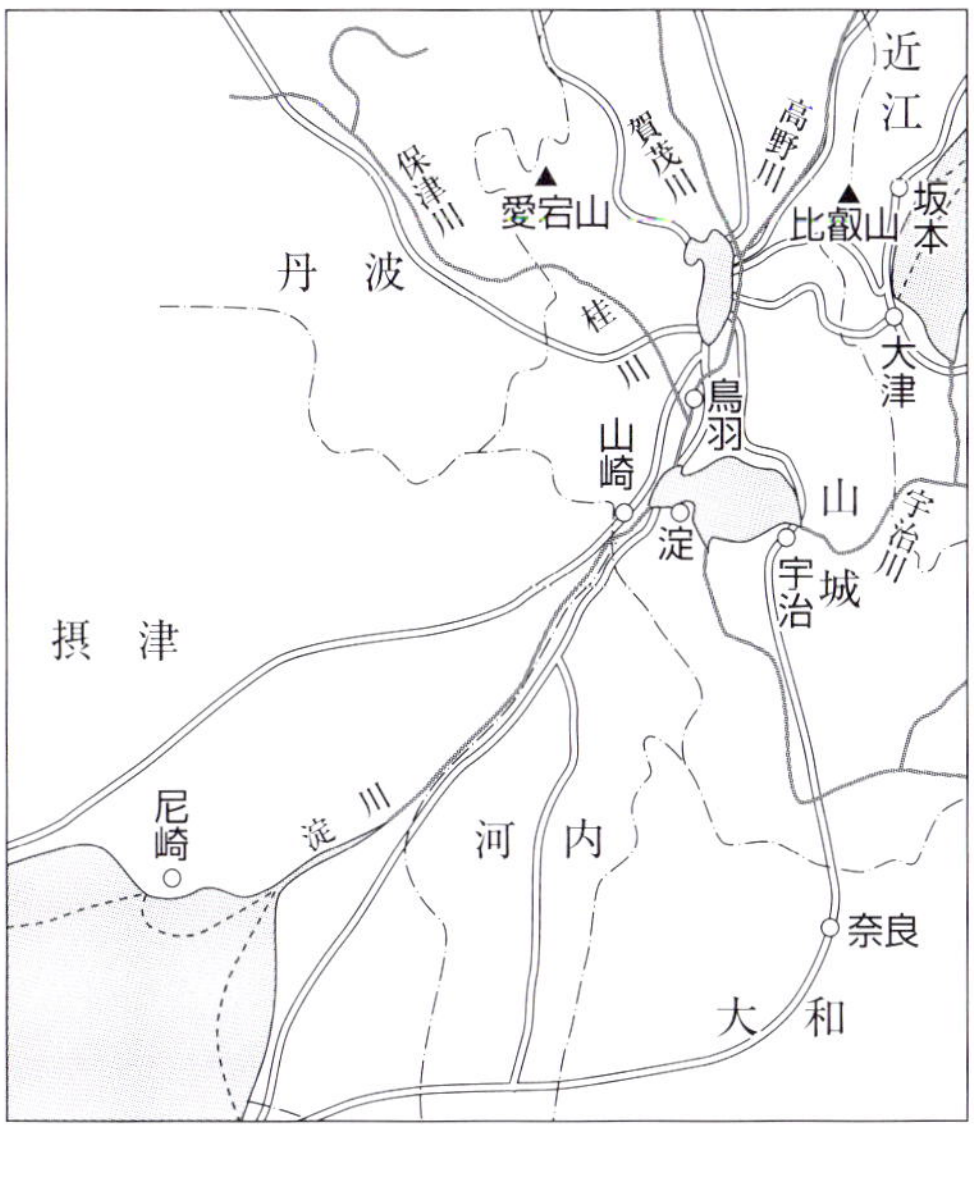

「七口」といっても、簡単にその場所と名称を確認することは極めて困難である。16世紀末に豊臣秀吉が御土居《おどい》を築くと京への入口は自然と決まったが、それまでは羅城がなかったこともあり、時期によって口の場所が変わり、関所の位置も一定していなかった。

戦国期の京の城

京の名勝地にたくさんの城や砦が築かれた理由

戦国期、京都には五〇もの城が存在していた

京都で知られた城といえば、伏見城《ふしみじょう》と二条《にじょう》城《じょう》くらいだろう。だが、時代は戦国期、京都には知られざる山城や砦がいくつも存在していた。その数なんと五〇ともいう。また、低地にも小さな城がたくさんあった。

嵐山城《あらしやまじょう》は築城時期は不明だが、文献では権中納言鷲尾隆康《わしのおたかやす》の日記『二水記《にすいき》』にて一五〇五（永正二《えいしょう》）年に登場する。築城したのは室町幕府の管領細川政元の家臣、山城国守護代であった香西元長《こうざいもとなが》だ。

元長が家督争いにより政元を暗殺したのが一五〇七（永正四）年、嵐山城こそがその攻防戦の舞台となった。

一二代将軍足利義晴《あしかがよしはる》が居城したのが中尾城《なかおじょう》で、銀閣寺の南、大文字山と尾根づたいになった標高一八四メートルの山頂に城跡を残している。義晴は砲撃戦に備え、強固な城の防壁を築いた。義晴の追悼記『萬松院殿穴太《あのう》記』には「屋さきをば三重に掘切て、二重に壁を付て其間に石を入たり。是は鉄砲の用心也」と記されている。しかし、落城はあっけなかったようだ。細川管領家の家督争いを制して台頭してきた三好長慶《みよしながよし》の猛攻にあい、徹底的に破壊された。築城からわずか一年余で廃虚と化したのだった。

下克上の舞台ともなった激戦が繰り広げられた山城

一三代将軍足利義輝《よしてる》が、落城した中尾城の代わりに築いたのが霊山城《りょうぜんじょう》だ。場所は東山霊山護国神社の裏山、標高わずか一八〇メートルほどの山だ。

築城が開始されたのが一五五二（天文二一）年だが、翌年には三好長慶の二万五〇〇〇人もの大軍によって一日で陥落した。わずか九か月のみ存在した城だ。

左京区の狸谷《たぬきだに》不動院の裏山、瓜生山《うりゅうやま》では細川政元の後継者争いを制し、管領となった細川高国によって勝軍山城《しょうぐんさんじょう》（別名北白川城）が築かれている。高国失脚後は、高国の抗争相手であった細川澄元《ほそかわすみもと》の子、晴元《はるもと》に城を奪われているが、晴元と将軍義晴が対立すると、今度は将軍家が城を手に入れている。その後も城は義輝と長慶の衝突で利用され、最後に明《あけ》智光秀《ちみつひで》が陣取ったという。戦国期の京都において、およそ五〇年も存続したことになる。

鞍馬《くらま》に近い静原《しずはら》地区、標高四七八メートルの城谷山に一五五七（弘治《こうじ》三）年、三好長慶が築城したのが静原城だ。城谷山の東には敦賀街道、西には鞍馬街道が走っている。先の霊山城での戦いを制した長慶は、近江《おうみ》の朽木《くつき》へと敗走した足利義輝の動向をこの静原城にて家臣に探らせていた。

だが、義輝は敦賀へも鞍馬へも逃げることなく、近江の佐々木六角氏の後ろ盾を得て、再び入洛している。

ここで意外ともいえるのは、抗争から一転、長慶が義輝と和議を結んだことだろう。しかし、長慶の家臣にも下克上《げこくじょう》を試みた者が現れた。長慶の嫡子《ちゃくし》を毒殺し、長慶の死後には義輝殺害を図った松永久秀《まつながひさひで》である。ただし、この松永久秀も、まもなく織田信長《おだのぶなが》の上洛により、一掃されている。

戦国期の城や砦

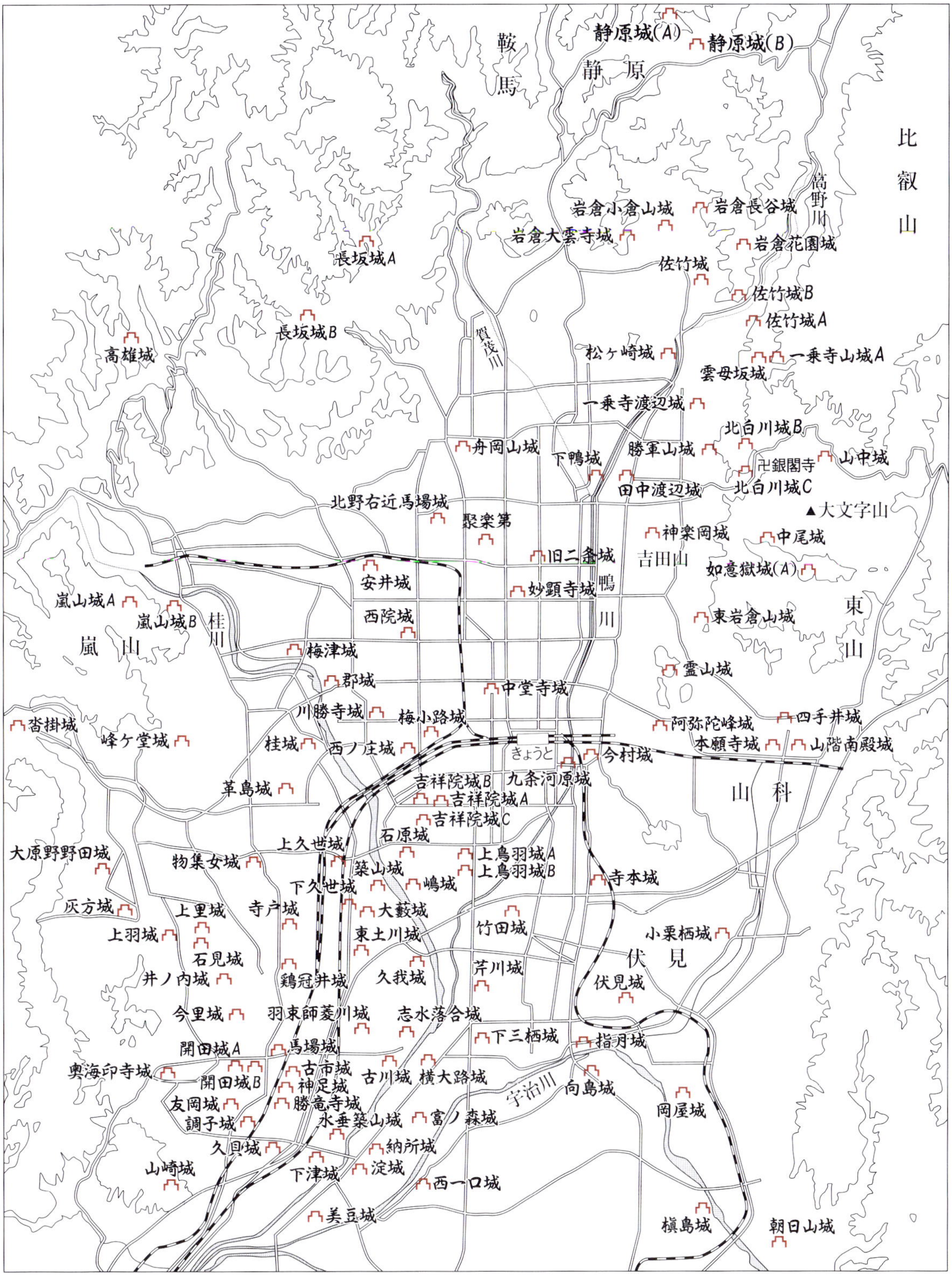

参考資料『京都市内およびその近辺の中世城郭―復原図と関連資料』山下正夫（京都大学人文学研究所調査報告　第35号）など

織田信長の京都

二条城を築城した信長、本能寺の変にて自刃

光秀が起こした謀反 敵は本能寺にあり

京都における織田信長《おだのぶなが》ゆかりの場所として、まず二条城《にじょうじょう》を挙げよう。信長は一五六八（永《えい》禄《ろく》一一）年、第一五代将軍となる足利義昭《あしかがよしあき》を奉じて入洛《じゅらく》を果たした。その翌年二月、義昭の居城として信長は当時の市街地の西端に二条城を築城した。それまで義昭は本圀寺《ほんこくじ》を宿所としていたが、この一月に三好《みよし》三人衆の軍勢に襲撃され、義昭の身の危険を案じて築くことを決めた。普請《ふしん》（土木・建設の工事）にあたっては洛中の公家屋敷や寺社から庭石や墓石を強奪し建材にあて、わずか二か月半で完成させている。平城ではあるが、堀は深く、石垣も高く築かれている。

また城中には殿舎が設けられた。なお、現在の二条城は関ヶ原の戦いに勝利した徳川家《とくがわいえ》康《やす》が上洛用の宿所として築城したものだ。

そしてもう一か所、「本能寺《ほんのうじ》の変」で有名な本能寺が挙げられよう。一五八二（天正一〇）年五月、信長は坂本城《さかもとじょう》にいた明智光秀《あけちみつひで》に備中《びっちゅう》の高松城《たかまつじょう》を包囲している羽柴秀吉《はしばひでよし》の救援の先陣を命じ、信長自身もわずかな小姓衆《こしょうしゅう》をつれて二九日に上洛、本能寺を宿所とした。

ここで信長は持参した秘蔵の名茶器を披露するために大茶会を催している。その後、酒宴となり、就寝を迎えた頃には深夜零時を過ぎていた。一方、坂本城を出発した光秀は、備中路とは逆の方角に進路を取り、桂川《かつらがわ》を渡って京都へと入った。六月二日未明のことだった。そう、「敵は本能寺にあり」、光秀は信長の襲撃を決意したのだ。

信長は入洛後、定まった宿所を持たなかった

光秀は京都に入ると、ただちに本能寺を包囲し、攻撃を加えた。信長に一万三〇〇〇の光秀の軍勢による突然の来襲を防ぐ術《すべ》はなかった。自らも弓、槍《やり》を持って応戦したが、最期は居室に火を放たせ自刃《じじん》するに至っている。享年四九歳。また妙覚寺《みょうかくじ》にいた信長の嫡子信《のぶ》忠《ただ》は変を聞いて本能寺へ駆けつけようとしたが、本能寺が落ちたことを知らされ、やむなく二条城へ入った。しかし、戦いはここへも飛び火し、信忠もまた力尽きて自害している。

光秀の謀反《むほん》の真相には様々な説が唱えられてきた。最も有力な説は怨恨《えんこん》説だといわれている。信長の命令で丹波《たんば》の八上城《やかみじょう》の波多野秀《はたのひで》治《はる》を攻めた光秀は開城に成功した。その際、光秀は人質として母を波多野氏に差し出していたが、信長が講和の条件を敗り秀治を殺してしまった。この処置に憤慨した秀治の家臣は光秀の母を惨殺してしまい、それを光秀はひどく怨んでいたという。他にも信長に代わって天下を取ろうとした野望説や、秀吉との対立説なども飛び交っている。

ところで、信長は入洛後、特に定まった宿所を持たず、東福寺《とうふくじ》や清水寺《きよみずでら》、妙覚寺、相国《しょうこく》寺《じ》、本能寺を宿所とした。一五七六（天正四）年には二条御新造《ごしんぞう》の普請を命じ、翌年居を移したものの、一五七九（天正七）年、普請を終えた二条御新造を禁裏《きんり》へ献上し、自らは妙覚寺へと戻っている。信長は京都においてはついに「本拠地」たるものを持たなかったとされている。

信長にかかわる史跡

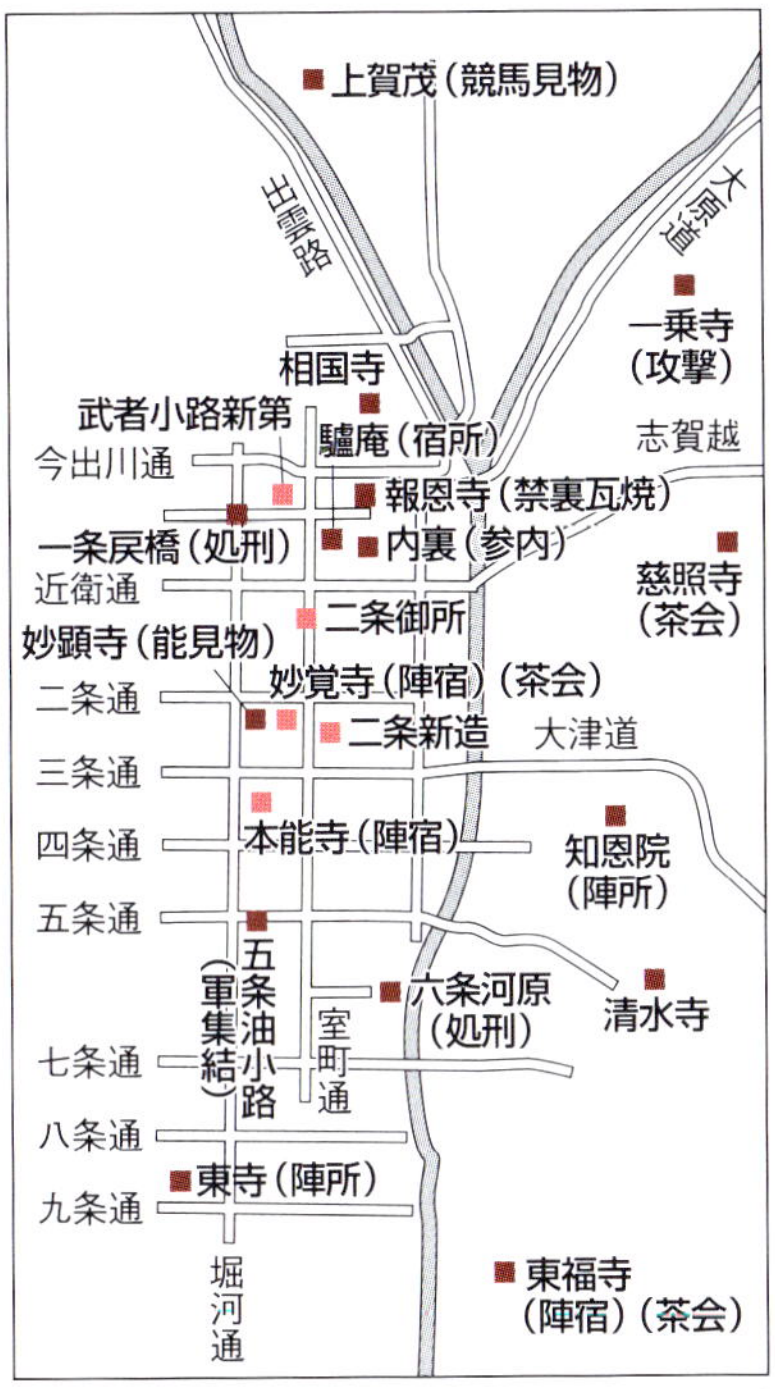
上賀茂（競馬見物）
出雲路
大原道
一乗寺（攻撃）
相国寺
武者小路新第
驢庵（宿所）
志賀越
今出川通
報恩寺（禁裏瓦焼）
一条戻橋（処刑）
内裏（参内）
慈照寺（茶会）
近衛通
二条御所
妙顕寺（能見物）
妙覚寺（陣宿）（茶会）
二条通
二条新造
大津道
三条通
本能寺（陣宿）
知恩院（陣所）
四条通
五条通
五条油小路（軍集結）
六条河原（処刑）
清水寺
室町通
七条通
八条通
東寺（陣所）
九条通
東福寺（陣宿）（茶会）
堀河通

出典『京都歴史アトラス』足利健亮編（中央公論社）

本能寺の位置

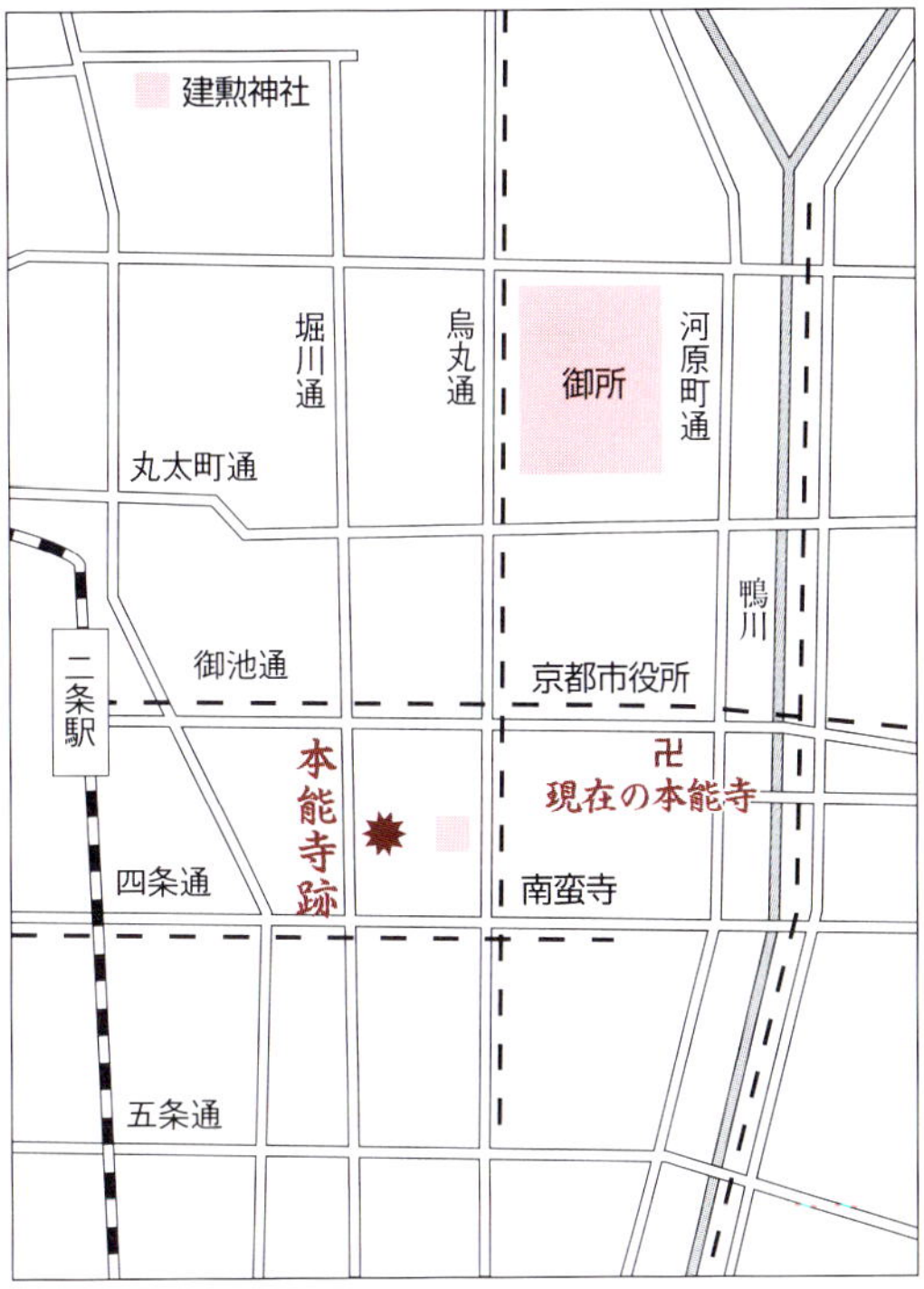
建勲神社
堀川通
烏丸通
御所
河原町通
丸太町通
鴨川
二条駅
御池通
京都市役所
本能寺跡
現在の本能寺
四条通
南蛮寺
五条通

信長の統一事業

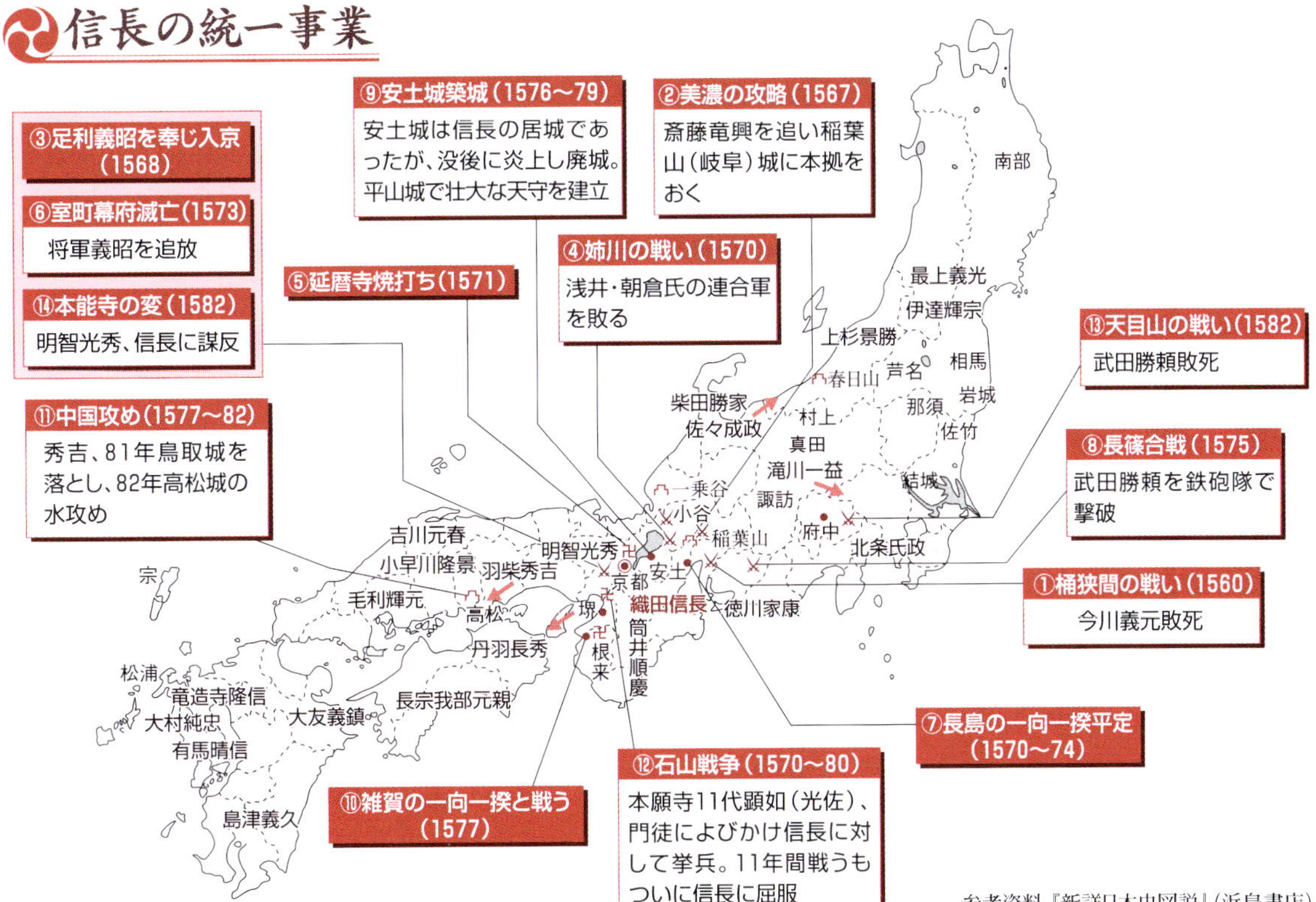
③足利義昭を奉じ入京（1568）
⑥室町幕府滅亡（1573）
将軍義昭を追放
⑭本能寺の変（1582）
明智光秀、信長に謀反
⑨安土城築城（1576〜79）
安土城は信長の居城であったが、没後に炎上し廃城。平山城で壮大な天守を建立
②美濃の攻略（1567）
斎藤竜興を追い稲葉山（岐阜）城に本拠をおく
④姉川の戦い（1570）
浅井・朝倉氏の連合軍を敗る
⑤延暦寺焼打ち（1571）
⑪中国攻め（1577〜82）
秀吉、81年鳥取城を落とし、82年高松城の水攻め
⑬天目山の戦い（1582）
武田勝頼敗死
⑧長篠合戦（1575）
武田勝頼を鉄砲隊で撃破
①桶狭間の戦い（1560）
今川義元敗死
⑦長島の一向一揆平定（1570〜74）
⑫石山戦争（1570〜80）
本願寺11代顕如（光佐）、門徒によびかけ信長に対して挙兵。11年間戦うもついに信長に屈服
⑩雑賀の一向一揆と戦う（1577）
南部
最上義光
伊達輝宗
上杉景勝
相馬
春日山
芦名
柴田勝家
岩城
佐々成政
村上
那須
佐竹
真田
滝川一益
結城
一乗谷
諏訪
小谷
府中
稲葉山
北条氏政
吉川元春
明智光秀
小早川隆景
羽柴秀吉
京都
安土
宗
毛利輝元
高松
堺
織田信長
徳川家康
筒井順慶
丹羽長秀
根来
松浦
竜造寺隆信
大村純忠
大友義鎮
長宗我部元親
有馬晴信
島津義久

参考資料『新詳日本史図説』（浜島書店）

秀吉が築いた聚楽第

城郭都市へつくり変えられた京都

権力誇示のため聚楽第を建設

本能寺《ほんのうじ》の変で織田信長《おだのぶなが》が自害した後、天下は豊臣秀吉《とよとみひでよし》によって統一された。秀吉は京都の大改造に着手し、京都の城下町化を推進した。その中心をなすのが一五八六（天正《てんしょう》一四）年に始められた聚楽第《じゅらくてい》の建設だ。聚楽第とは、いわば関白《かんぱく》・太政大臣《だいじょうだいじん》となった秀吉の政治的拠点地であり、後に建てられた二条城の北につくられた。同じ頃、鴨川《かもがわ》東岸南方に巨大な方広寺《ほうこうじ》大仏殿の建設が開始されている。秀吉は自分が天皇と並ぶ地位、もしくは天皇を従える地位にあることを誇示したかったのだ。その象徴として、一五八八（天正一六）年には完成した聚楽第に後陽成《ごようぜい》天皇を招き、国家的な儀式が執り行われている。

秀吉は洛中に存在した多くの土地領主に洛外の替え地を与え、彼らを一掃することによって洛中を自らの直轄地とした。聚楽第周辺は大名邸を集めた武家屋敷地区とし、内裏周辺は公家町とした。

なお、大名諸将の屋敷が塀を連ねていたことは、現在に残る町名がそれを表している。如水町《にょすいちょう》＝黒田如水孝高《くろだじょすいよしたか》、甲斐守町《かいのかみちょう》＝黒田甲斐守長政《ながまさ》、主計町《しゅけいちょう》＝加藤主計頭清正《かとうかずえのかみきよまさ》、弾正《だんじょう》町＝上杉《うえすぎ》弾正大弼《ひつ》、飛弾殿町《ひだどのちょう》＝蒲生《がもう》飛弾守氏郷《うじさと》など、武家屋敷に因《ちな》む町名が認められる。

また、秀吉は洛中に散在していた寺院を現在も寺町である鴨川の西側や船岡山《ふなおかやま》の南の寺之内へ移転させ、さらに町人地を設定するなど、身分別による居住地域を設定した。集中的な管理こそが抵抗勢力を生まない土壌になると考えたのだろう。そして町の周囲に御土居《おどい》をめぐらせ、秀吉は京都を城郭都市へとつくり変えることに成功した。

聚楽第を一〇年で破壊、その裏に跡継ぎ争いがあった

秀吉の最初の世継ぎが誕生したのは、一五八九（天正一七）年のことで、側室の淀殿《よどどの》が棄丸《すてまる》（鶴松《つるまつ》）を生んでいる。しかし、二年後の一五九一（天正一九）年、棄丸は病没した。そこで秀吉は甥の秀次《ひでつぐ》を自分の後継者と決め、関白職を譲るとともに聚楽第を与えることにした。自らは伏見《ふしみ》に城を建て、隠居する心づもりだった。

だが、それから二年後の一五九三（文禄《ぶんろく》二）年、淀殿は秀頼《ひでより》を生むこととなる。秀頼の誕生が秀吉の迷走を生むことになったらしい。以後、跡継ぎ争いがもたらしたのか、秀次が謀反を企んでいるとの話が秀吉の耳に届くようになった。

そこで秀吉は一五九五（文禄四）年、秀次を高野山へ送り、切腹を命じるばかりでなく、秀次の妻や側室たち、秀次の子らを三条河原にて斬首し、他にも秀次に関わる者のすべてを抹殺したのだった。また、秀次が住まいにしていた聚楽第は大名屋敷とともに取り壊し、建設中だった伏見城とその周辺へ移すことにした。

結局、巨大な聚楽第はわずか一〇年足らずの存在だった。その破壊は徹底的で、現在、遺構として残されているものはほとんどない。しかし、現在でも町名や通り名には聚楽第ゆかりのものがたくさんある。

聚楽第ゆかりの町名

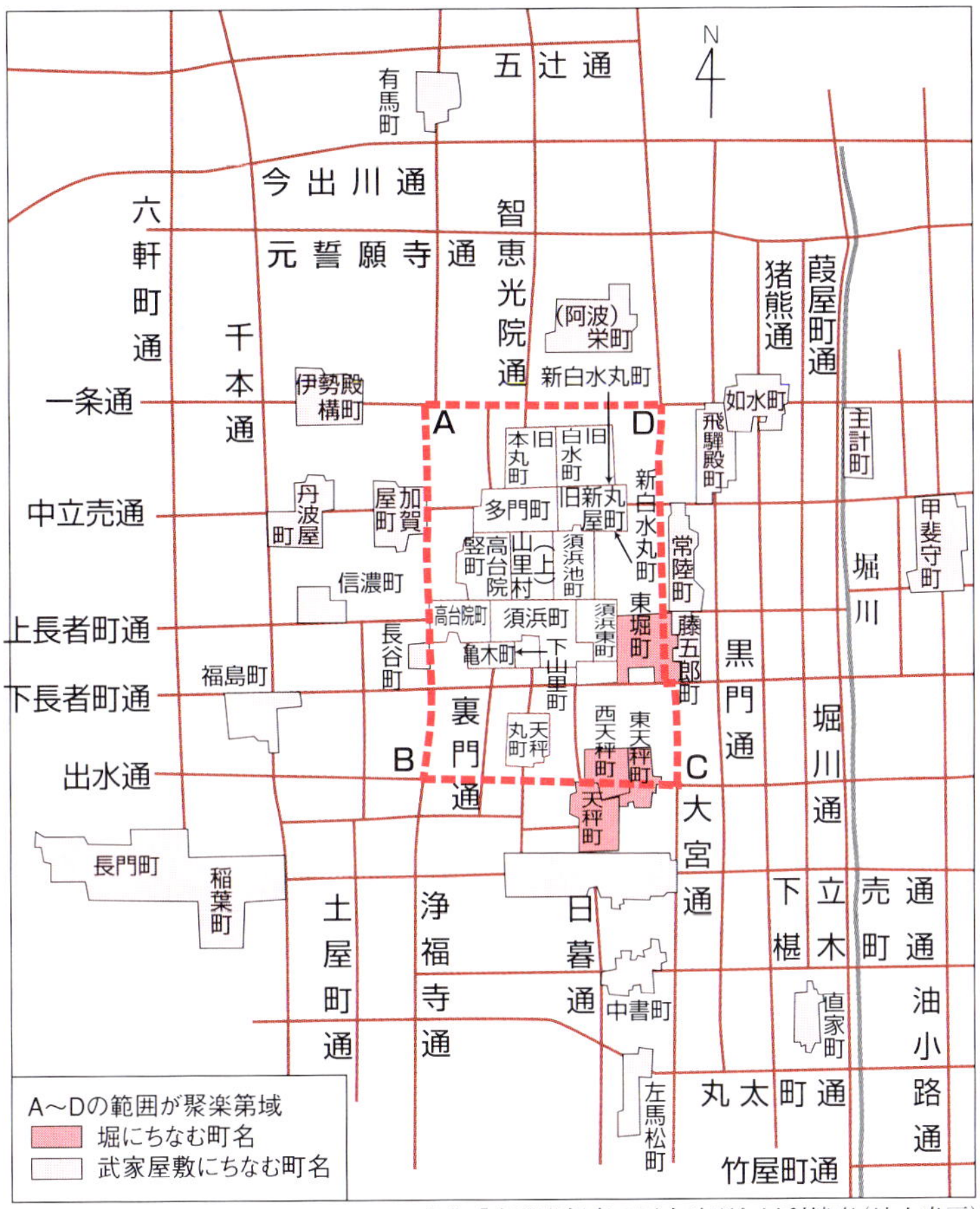

出典『中近世都市の歴史地理』足利健亮(地人書房)

聚楽第復元図

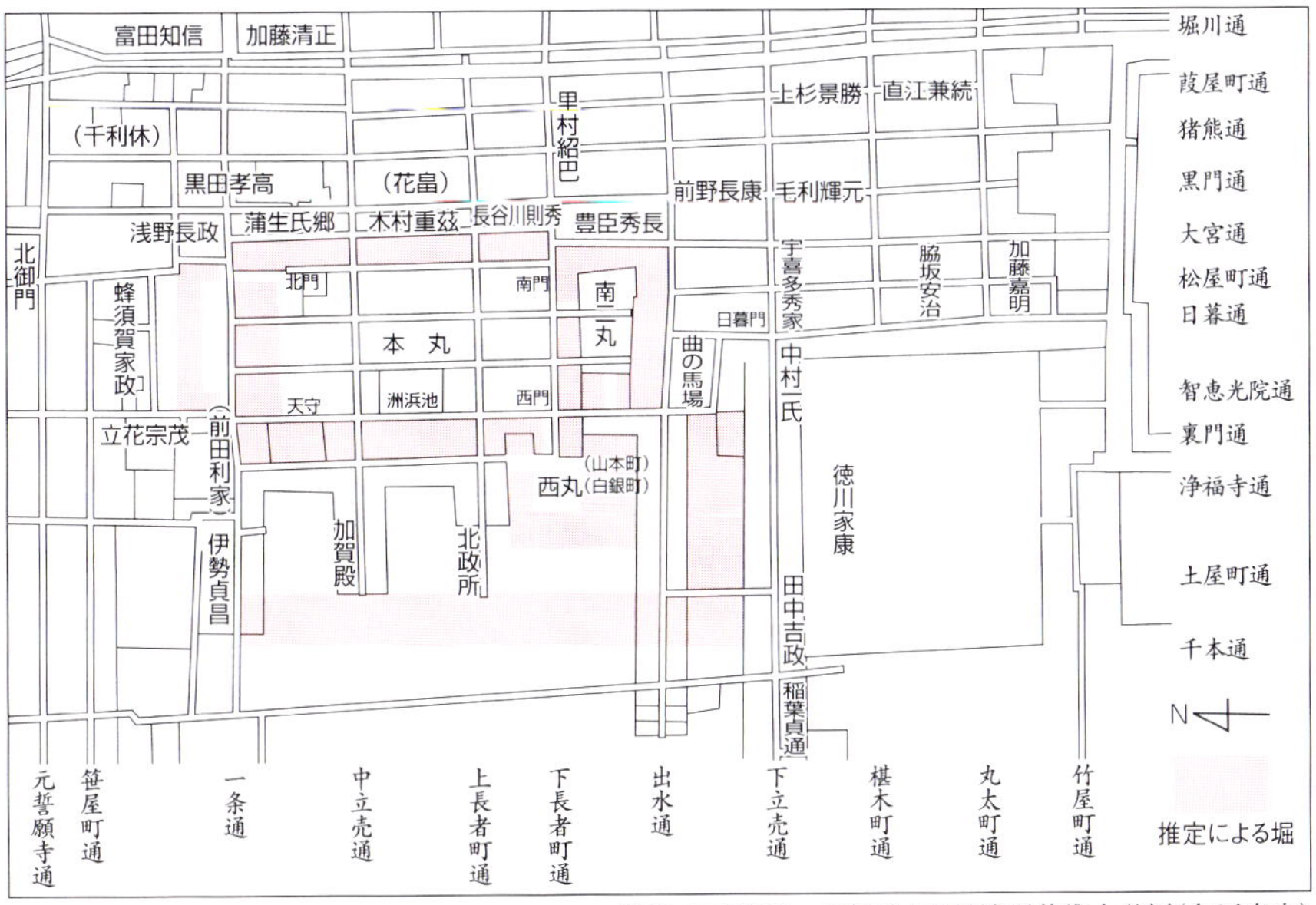

出典『京都学への招待』京都造形芸術大学編(角川書店)

御所にみる幕末の動乱

蛤御門の変、そして猿ケ辻の惨劇

今でも「蛤御門」に残る弾痕

京都御所にはいくつ門があるか。答えは九つである。その一つの蛤御門《はまぐりごもん》は烏丸《からすま》通に面した御所の西側にあり、俗にいわれる「蛤御門の変」または「禁門《きんもん》の変」として名を知られている。幕末の一八六四（元治《げんじ》元）年に生じた歴史的大事件を指しているのだ。

前年の一八六三（文久《ぶんきゅう》三）年の政変において、京都の政界を追われた長州《ちょうしゅう》藩尊攘《じょうい》派は勢力の挽回を図ろうと二〇〇〇人の藩兵を率いて上京し、そこで御所を護衛する会津《あいづ》・薩摩《さつま》両藩との激突を迎えた。その激戦地となったのが、蛤御門の周辺だったのだ。戦いはわずか一日にして終わり、長州藩はまたしても敗退を余儀なくされた。その際、長州藩の宿泊所だった嵯峨《さが》の天龍寺《てんりゅうじ》は、会津・薩摩両藩の追撃を受け、焼失した。

蛤御門は今でも戦いの弾痕の跡を残している。門が焼けることはなかったが、蛤御門の変がもたらした戦火は京都の町を襲い、三日間にわたって延々と燃え続けた。この大火は鉄砲や大砲による撃ち合いで発生した火事ゆえに「鉄砲焼け」「どんど焼け」とも呼ばれている。また、この蛤御門の変をきっかけに、それまで敵同士だった薩摩と長州の連合藩が誕生し、ひいては幕府の威信の低下を招くこととなった。

「焼けて口開く蛤御門」という文句があるが、実はこの蛤御門は正しくは「新在家《しんざいけ》御門」と呼ばれ、いつも閉じていることで知られていた。しかし、一七八八（天明《てんめい》八）年のいわゆる天明の大火（64ページ）の際には初めて門が開けられたのだった。そこで、焼けると口をあける蛤に例えてそのようにいわれるようになった。以来、通称として蛤御門と呼ばれる。

猿ケ辻、御所の鬼門を守る使いの猿

御所北側、今出川《いまでがわ》通に面した今出川御門から中へ入り、南へまっすぐ下がると、御所の築地塀に突き当たる。その塀に沿ってやや東へ進むと、東北の角で築地塀が内側に折れ曲がっている。ここでその屋根裏を見上げてみてほしい。烏帽子《えぼし》を被り、御幣《ごへい》をかついだ木彫りの猿が祀られていることに気づくはずだ。このあたりが猿ケ辻《さるがつじ》と呼ばれる所以で、ここでも幕末には大きなテロ事件が生じている。

世にいう「猿ケ辻の変」、一八六三（文久三）年五月二〇日深夜、青年貴族の姉小路《あねがこうじ》公《きん》知《とも》が朝廷の会議の帰り、猿ケ辻にて刺客に襲われ壮絶な最期を遂げたのだ。公知は過激な尊攘派であったが、勝海舟《かつかいしゅう》らに賛同して開国派に転向しつつあったため、刺客を放たれたといわれている。

さて、この猿ケ辻は何故に「猿」なのであろうか。東北の角であることから鬼《き》門《もん》を守るため、あるいは「鬼が去る」に通じるとの説もある。一方で、実はこの猿には金網が張ってあるのだが、御所の鬼門を守らせようと比《ひ》叡山延暦寺《えいざんえんりゃくじ》の日吉大社《ひよしたいしゃ》から使わされた猿で、夜毎、逃げ出しては通行人に悪さをしていたという。そこで金網を張って閉じこめることにしたとの話が伝わっている。

蛤御門と猿ヶ辻

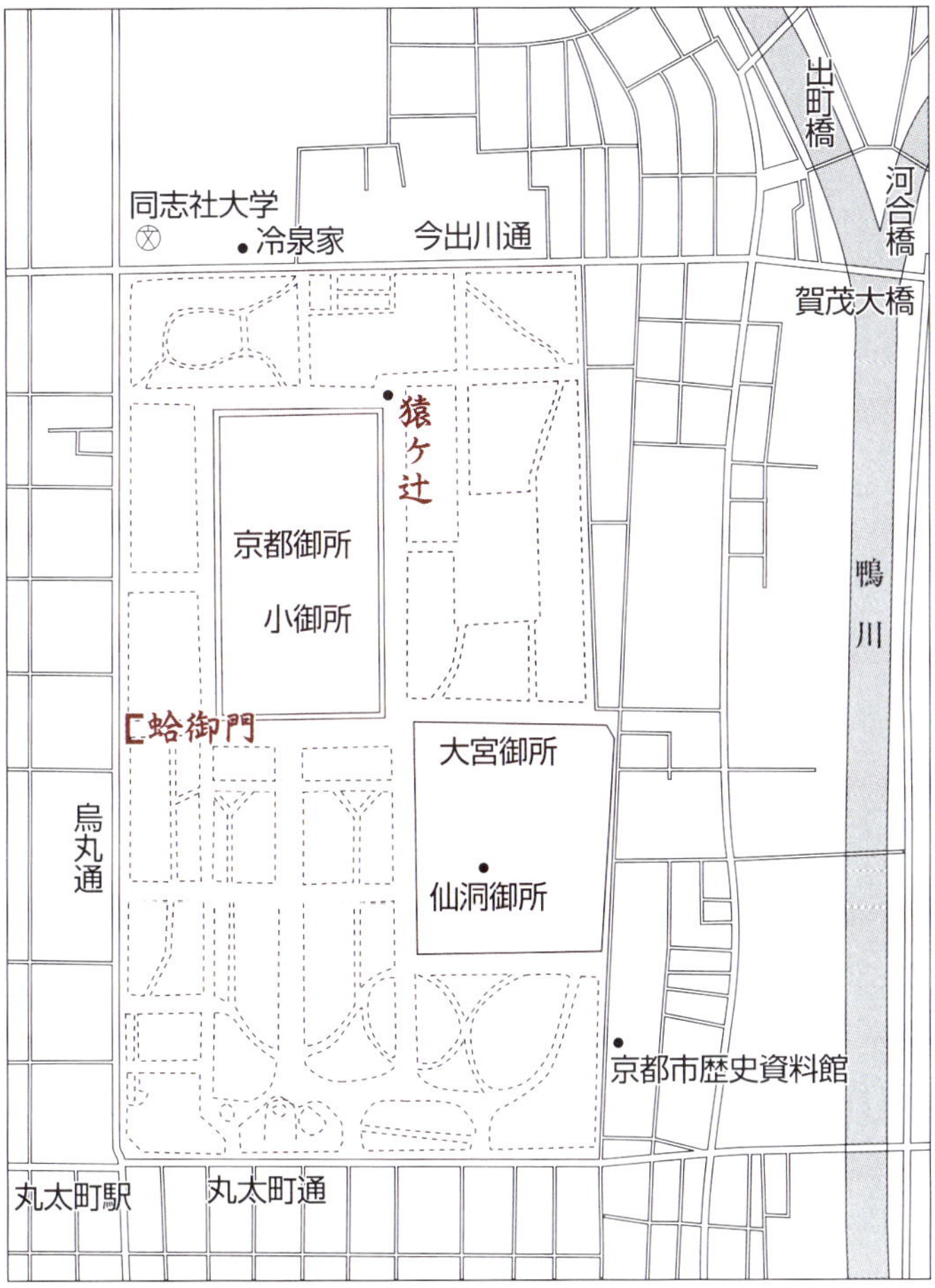

猿ヶ辻は京都御所の東北にあり、鬼門にあたる。そのため、築地塀をへこまし、築地屋根の下に日吉大社の神の使いである木彫りの猿を置いている。

蛤御門は天明の大火（1788年）のときに初めて開口されたことから「焼けて口開く蛤」にたとえられてそう呼ばれるようになった。

京都御所の九門

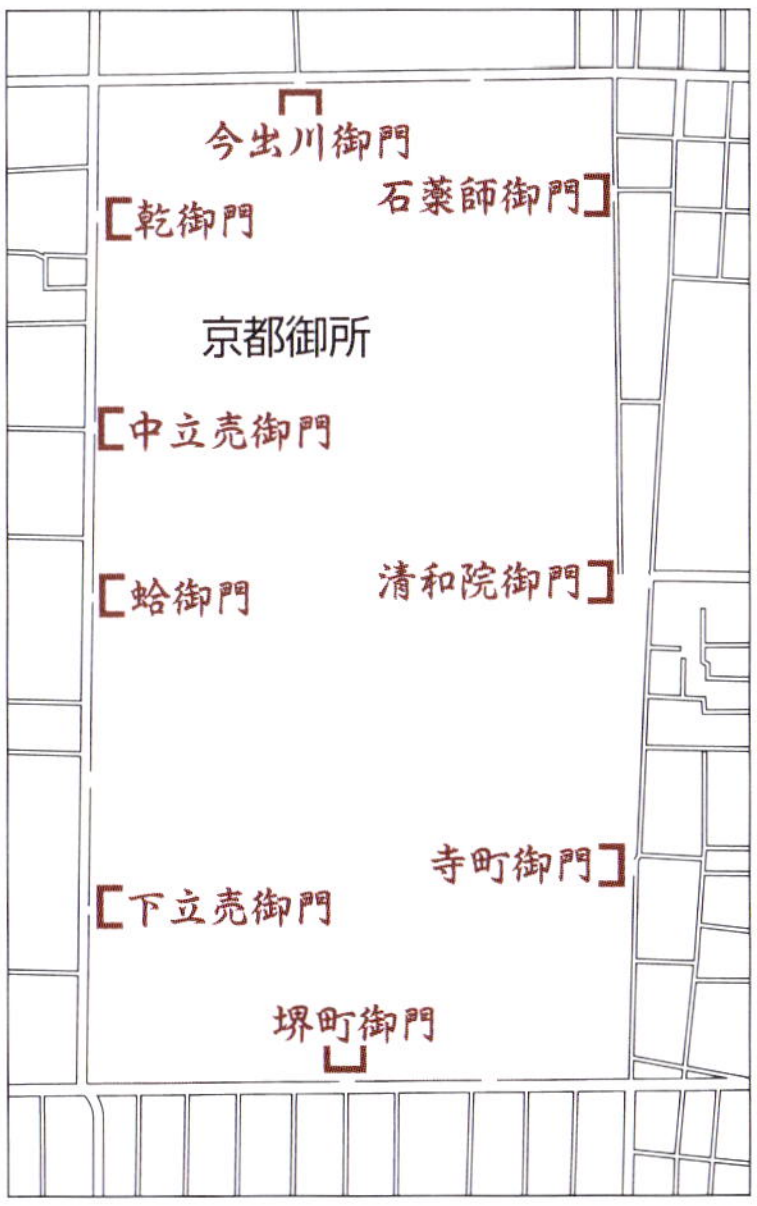

京の地に新選組登場

京都で名を轟かせた新選組、池田屋事件の真相

壬生浪士組から幕府公認の新選組へ

一八六三（文久《ぶんきゅう》三）年二月、出羽《でわ》の郷士《ごうし》の清河八郎《きよかわはちろう》が関東の浪士《ろうし》を集めて浪士組を結成した。幕府から「浪士募集」の布告があり、二三四人もの浪士が集まったといわれる。

浪士組が京都へと向かったのは、天皇に供奉して攘夷《じょうい》祈願を図ろうと、まもなく上洛することになった一四代将軍徳川家茂《とくがわいえもち》を護衛するためだった。しかし、京都にたどり着いた翌晩、清河は浪士組一同を壬生《みぶ》の新徳寺《しんとくじ》に集めて驚くべき言葉を発した。

「浪士組の本来の目的は尊皇《そんのう》攘夷である。ただちに江戸に戻り、攘夷運動の魁《さきがけ》になる」

その後、大半の組員は江戸へ戻ったが、近《こん》藤《どう》勇《いさみ》や芹沢鴨《せりざわかも》、土方歳三《ひじかたとしぞう》、沖田総司《おきたそうじ》ら一三人は浪士組を脱退し、京都に残ることになった。

しかし、脱退したがゆえ所属するところがない。そこで京都守護職の大任を引き受け、やはり千名もの兵を京都に駐屯させ、市中の治安維持を担っていた会津《あいづ》藩松平容保《まつだいらかたもり》に交渉し、彼らは会津藩のお預かりとなった。壬生浪士組はそこで本領を発揮し、活躍が認められ、ついには朝廷から「新選組《しんせんぐみ》」なる隊名を授かった。ここに新選組が誕生したのである。

任務は将軍警備と市中の治安維持であった。彼らに共通しているのは剣客、松平容保からも「士気勇敢、水や火に飛び込むことさえいとわない」と称賛された存在であった。新選組の登場で、勤皇・攘夷派と、開国を主張する佐幕派の争いは激化し、暗殺事件は絶えることがなかった。やがて新選組は最大二〇〇人の隊士を超える組織となり、一八六七（慶応三）年六月、実績を買われて幕臣《ばくしん》に取り立てられたのである。

長州藩志士を襲撃した池田屋事件

新選組の武名を最も轟《とどろ》かせたといえるのが池田屋《いけだや》事件であろう。新選組が古高俊太郎《こだかしゅんたろう》と名乗る不審な商人を召し捕り、壬生屯所《とんしょ》へ連行した。そこで土方歳三が拷問にかけたところ、古高は御所に火を放ち、天皇を奪取して長州《ちょうしゅう》へ連れ出し、さらに松平容保を暗殺する計画があることを自白した。いわば長州藩によるクーデター計画だ。決行予定日、およそ二〇〇人もの長州藩の志士たちが四条通の町《まち》家《や》や三条通の旅宿に潜伏しているという。土方は一隊を率いて市中を見回り、祇園《ぎおん》の茶屋をくまなく探したが一人もみつからない。そこで今度は三条方面へと向かった。

一方、近藤勇は四名を率いて木屋《きや》町高瀬川《たかせがわ》沿いを北に向かっていた。その際、三条小橋側に池田屋という長州藩の定宿があり、長州藩志士たちが密会しているとの情報を得た。さっそく近藤は池田屋へ乗り込んだ。

「今宵旅宿改めであるぞ。手向いいたすにおいては容赦《ようしゃ》なく斬り捨てるぞ」

長州の志士は二〇名ほどいたという。そこへまもなく土方の一隊が加わり、新選組は長州藩襲撃に成功した。この事件で新選組は朝廷および幕府から褒賞金を授かっている。近藤には金三〇両の他、刀と酒一樽、土方には金二三両が与えられた。新選組には総計六〇〇両という大金が与えられた。

幕末に起きた主な事件

蛤御門の変

1864（元治元）年7月、長州藩と朝廷を固める会津藩・薩摩藩らの諸藩の間で起きた戦闘。

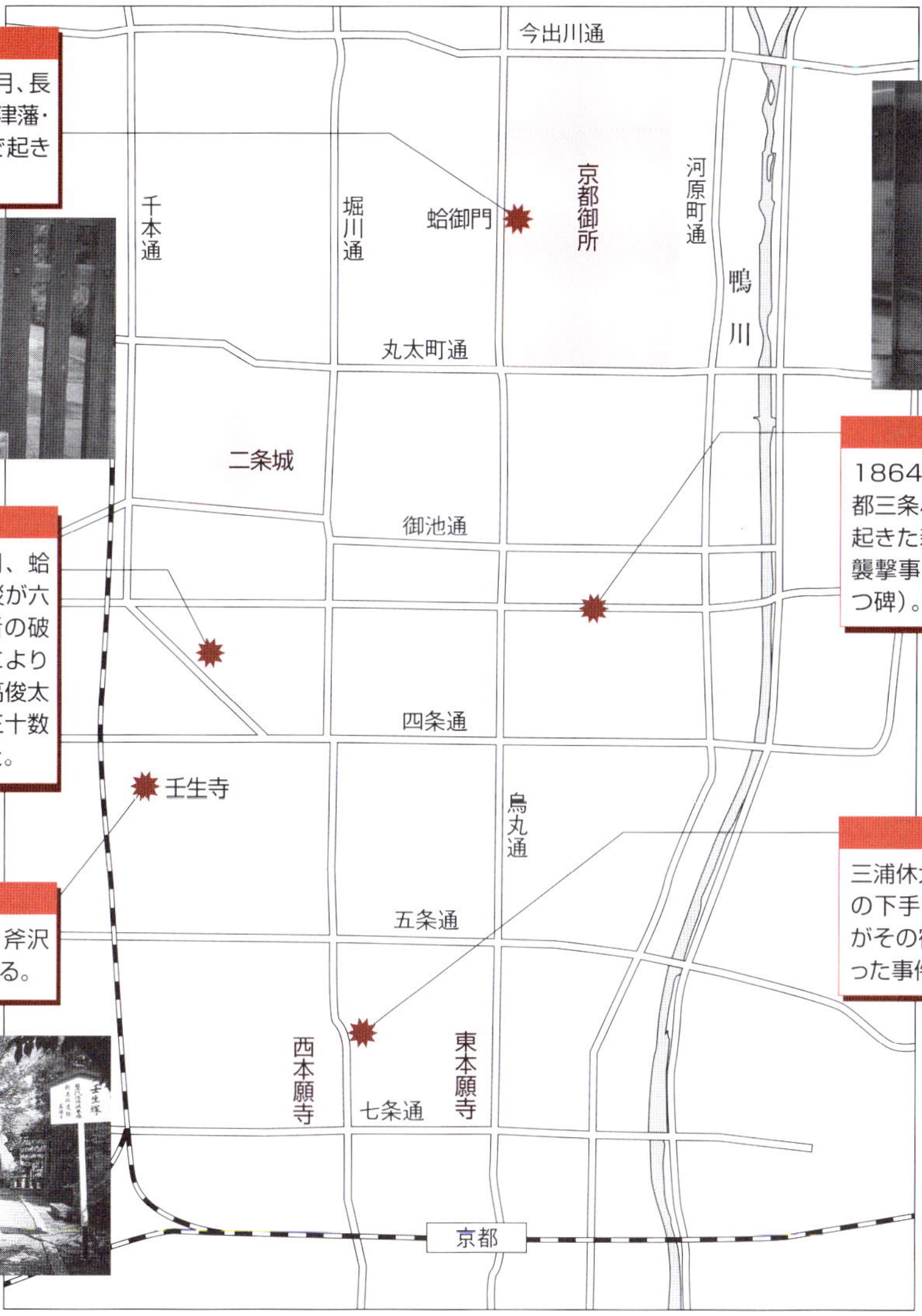

池田屋事件

1864（元治元）年6月、京都三条小橋の旅館池田屋で起きた新選組による尊攘派襲撃事件（写真は跡地に立つ碑）。

六角牢獄

1864（元治元）年7月、蛤御門の変で起きた火災が六角牢獄に迫り、入牢者の破獄を恐れた幕府役人により平野国臣をはじめ古高俊太郎・長尾郁三郎など三十数名の志士が斬首された。

新選組壬生屯所

新選組隊士の供養塔、斧沢鴨ら隊士の墓などがある。

天満屋騒動

三浦休太郎を坂本龍馬暗殺の下手人と思い、海援隊士がその宿泊先の天満屋を襲った事件。

壬生寺内の壬生塚にある近藤勇の胸像。新選組は同寺の境内で軍事訓練をしており、大砲の訓練までもしていたという。

左京区と右京区

なぜ東に左京区、西に右京区があるのか

南に向かって左が左京、右が右京

京都を観光で訪れた際、市内の地図を広げてみると、右側にあるのに左京《さきょう》区、左側にあるのに右京《うきょう》区であることを不思議に思う人も少なくないだろう。

実はこの右京・左京の配置は平安京《へいあんきょう》造営時にさかのぼることができる。平安京では中国の都市計画の基本であった都城制に従い、宮城となる大内裏《だいだいり》を北側に置いた。そして朱雀《すざく》大路《おおじ》を中軸線として引き、碁盤《ごばん》目状の区画を行った。朱雀大路の道路幅は二八丈《じょう》（約八四メートル。ただし、道幅については七〇～九〇メートルの間で様々な説がある）とし、これを境界線に東側を左京、西側を右京とにわけたのだ。

中国や朝鮮では「天子《てんし》は南面《なんめん》す」、つまり国の君主は南に向かって政治を執《と》るとされており、長安《ちょうあん》を模倣した平安京もそれにならって天皇が大内裏から南に向かって左を左京、右を右京とした。それを地図でみると、左右が反対になっているように思えるわけだ。

造営当時、右京を長安城、左京を洛陽《らくよう》城と呼ぶこともあったという。平安京の町並みの規模は、東西約四・五キロ、南北約五・三キロにおよぶ。

ただし、現在の京都は当時の街路をそのままに残しているわけではない。

右京衰退、左京繁栄、都市計画は大きく変動

一〇世紀後半になると、平安京に過密と過疎の地域が生じるようになってきた。右京がすたれ始め、逆に左京は特に二条以北には高位の貴族たちの邸館が多く並び立ち、平安京の中心を左京が担うようになり始めたのだ。

右京の衰退の理由は、人々は太陽が昇る方向、つまり東側へ住み移る心理があるとの説もあるが、実際には右京は湿地が多く、住居地には適していなかったことが大きな原因であったといわれる。

長安をモデルにした右京よりも、洛陽をモデルにした左京が栄えたことにより、京都の別称は「洛陽」とも呼ばれるようになった。そこで現在も「洛《らく》」の字を用い、京都へ行くことを「上洛」といい、また京都の区域割りを「洛北、洛東、洛南、洛西、洛中」などとする言い方が残されている。

さて、京都におけるもう一つの左右にまつわる問題を挙げておこう。現在の京都御所《ごしょ》の位置に平安京の大内裏を移した際、宮中の様々な儀式を執り行ってきた紫宸殿《ししんでん》もやはり「天子は南面す」に基づき、南に向かって建てられたが、この紫宸殿の前の南庭に植えられている桜と橘《たちばな》の木のことだ。天皇が紫宸殿から眺めたとき、左側に「左近《さこん》の桜」、右側に「右《う》近《こん》の橘」となるが、一般の人々が紫宸殿に向かって眺めるとその位置は右京、左京同様に左右が逆になる。

では、鴨川《かもがわ》や桂川《かつらがわ》など、河川についてはどうだろう。

右岸、左岸が気になるところだが、実は京都においては右岸、左岸といった言い方はあまり用いない。代わりに東詰《ひがしづめ》、西詰《にしづめ》といった言葉で川の東西岸を表している。

京都市の区と左京・右京

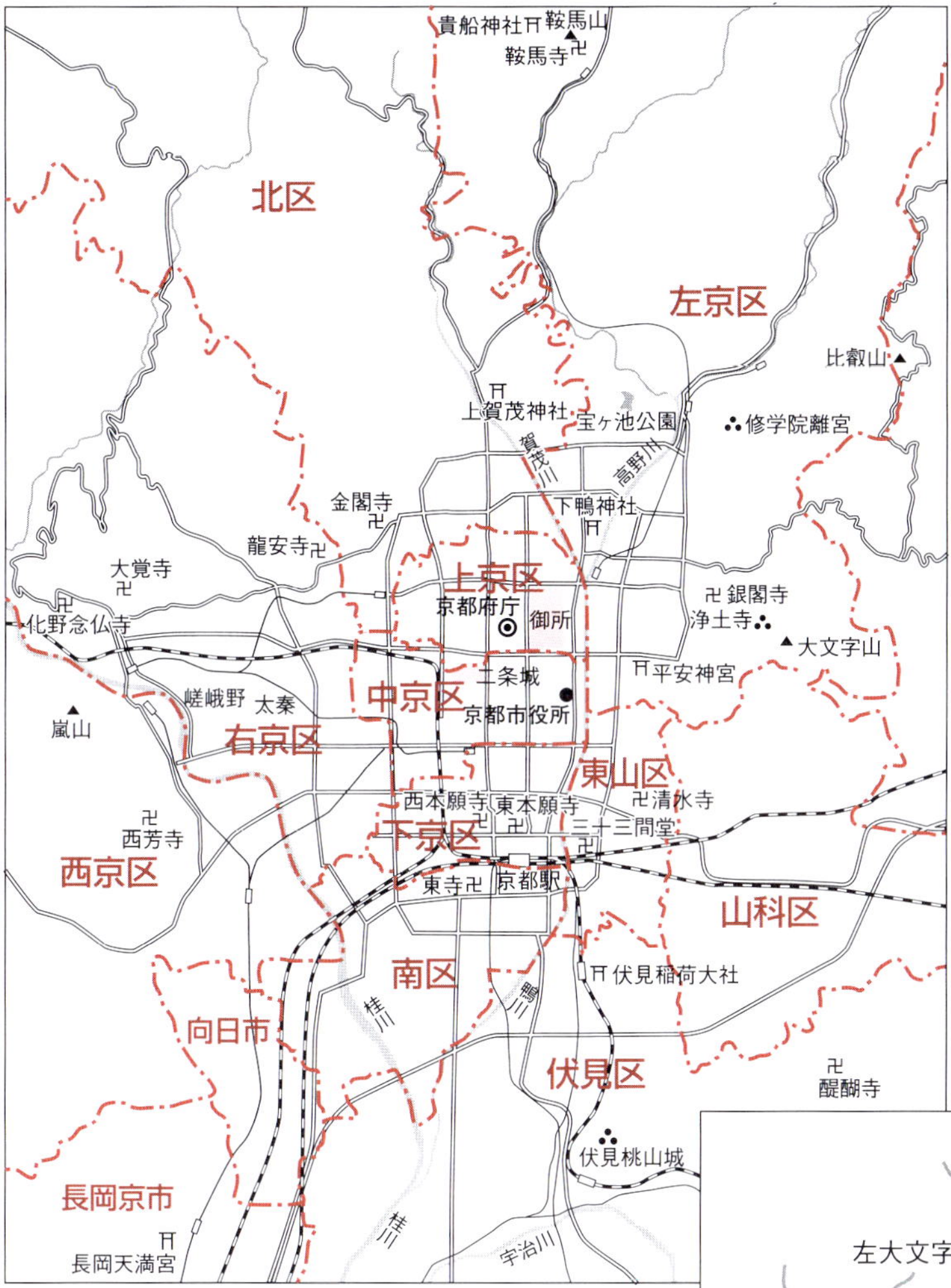

京都盆地の地質図

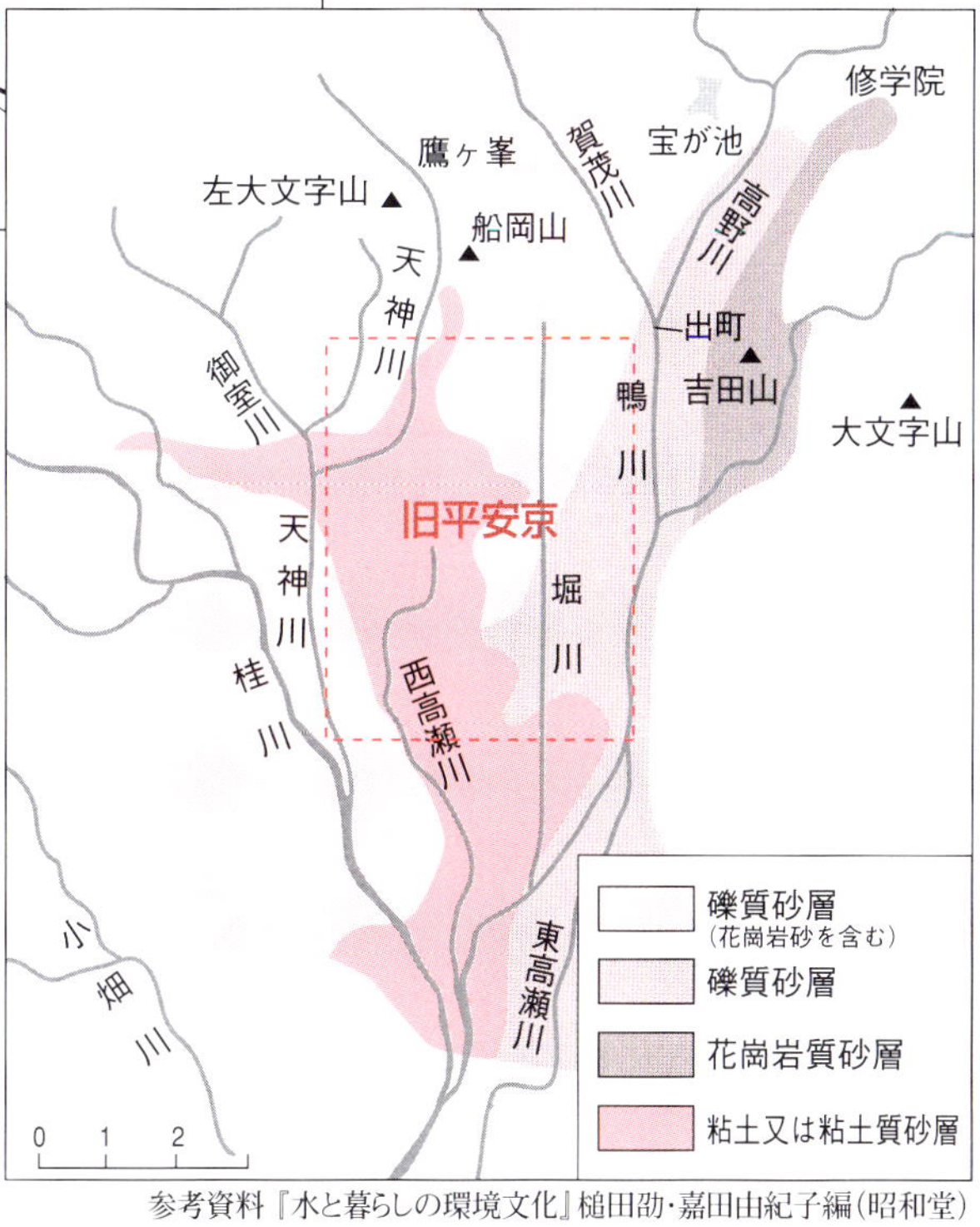

参考資料『水と暮らしの環境文化』槌田劭・嘉田由紀子編(昭和堂)

賀茂川と高野川は出町で合流し、鴨川となって南へ流れる。この一帯の地下の地質は砂や小石が混ざった層となっているが、これは常に氾濫《はんらん》をくり返す中で川上から流れてきた砂や小石が堆積した結果である。

京の通りの名

あねさんろっかくたこにしき…、歌い継がれた通りの名前

京都の複雑な通りの名をおぼえるのは難しくない

碁盤《ごばん》目状に大路小路が通る京都中心部、「あねさんろっかくたこにしき」のフレーズを耳にしたことはないだろうか。これは東西の通りのおぼえ唄の一部であり、北は丸太町通、南は五条を通り越し、十条通まで次のような歌詞になっている。

まるたけえびすにおしおいけ
あねさんろっかくたこにしき
しあやぶったかまつまんごじょう
せったちゃらちゃらうおのたな
ろくじょうさんてつとおりすぎ
ひっちょうこえればはっくじょう
じゅうじょうとうじでとどめさす

これらは順に、丸太町《まるたまち》、竹屋町《たけやまち》、夷川《えびすがわ》、二《に》条《じょう》、押小路《おしこうじ》、御池《おいけ》、姉小路《あねやこうじ》、三条《さんじょう》、六角《ろっかく》、蛸《たこ》薬師《やくし》、錦小路《にしきこうじ》、四条《しじょう》、綾小路《あやのこうじ》、仏光寺《ぶっこうじ》、高辻《たかつじ》、松原《まつわら》、万寿寺《まんじゅうじ》、五条《ごじょう》、雪駄屋町《せきだやまち》（現在の楊梅《ようばい》通）、魚《うお》の棚《たな》、六条《ろくじょう》、三哲《さんてつ》、七条《ひっちょう》、八条《はっちょう》、九《く》条《じょう》、十条《じゅうじょう》の通りを指す。

十条通は大正時代についた名称であるため、このおぼえ唄は大正以後の時代に出来たものだと推測される。同様に南北の通りについても、次のようなおぼえ唄がある。

てらごこふやとみやなぎさかい
たかあいひがしくるまやちょう
からすりょうがえむろごろも
しんまちかまんざにしおがわ
あぶらさめがいでほりかわのみず
よしやいのくろおおみやへ
まつひぐらしにちえこういん
じょうふくせんぼんさてはにしじん

順に寺町《てらまち》、御幸町《ごこまち》、麩屋町《ふやちょう》、富小路《とみのこうじ》、柳馬《やなぎのばん》場《ば》、堺町《さかいまち》、高倉《たかくら》、間之町《あいのまち》、東洞院《ひがしのとういん》、車屋町《くるまやちょう》、烏丸《からすま》、両替町《りょうがえちょう》、室町《むろまち》、衣棚《ころものたな》、新町《しんまち》、釜座《かまんざ》、西《にしの》洞院《とういん》、小川《おがわ》、油小路《あぶらのこうじ》、醒ケ井《さめがい》、堀川《ほりかわ》、葭屋町《よしやまち》、猪熊《いのくま》、黒門《くろもん》、大宮《おおみや》、松屋町《まつやちょう》、日暮《ひぐらし》、智恵光院《ちえこういん》、浄福寺《じょうふくじ》、千本《せんぼん》の通りを指す。

ただし、こちらのほうは、今ではあまり歌われることはない。

上ル・下ル、東入ル・西入ルで北南東西の方向を示す

京都の住所表示には「上《アガ》ル・下《サガ》ル」「東入《ヒガシイ》ル・西入《ニシイ》ル」がよく出てくる。実は南北、東西、どちらへ向かえばいいかを示している。

この表示は、天子は南面するという条坊制の都市計画にもとづくが、秀吉時代によく使われるようになったともいわれる。上ルは南北の通りを北へ行くこと、下ルは南へ行くことだ。入ルについては、東西の通りに対して使用する。東入ルは東へ、西入ルは西へ向かうことだ。

また、その通りのどちら側に位置するかを言い表す場合、南北の通りに対しては東側、西側、東西の通りに対しては北側、南側の表記を用いる。

では、南北の通りと東西の通り、どちらを先に表記すればよいか。住居が面しているほうの通りを先にするのが約束ごとだ。

おぼえ唄に出てくる通りの名

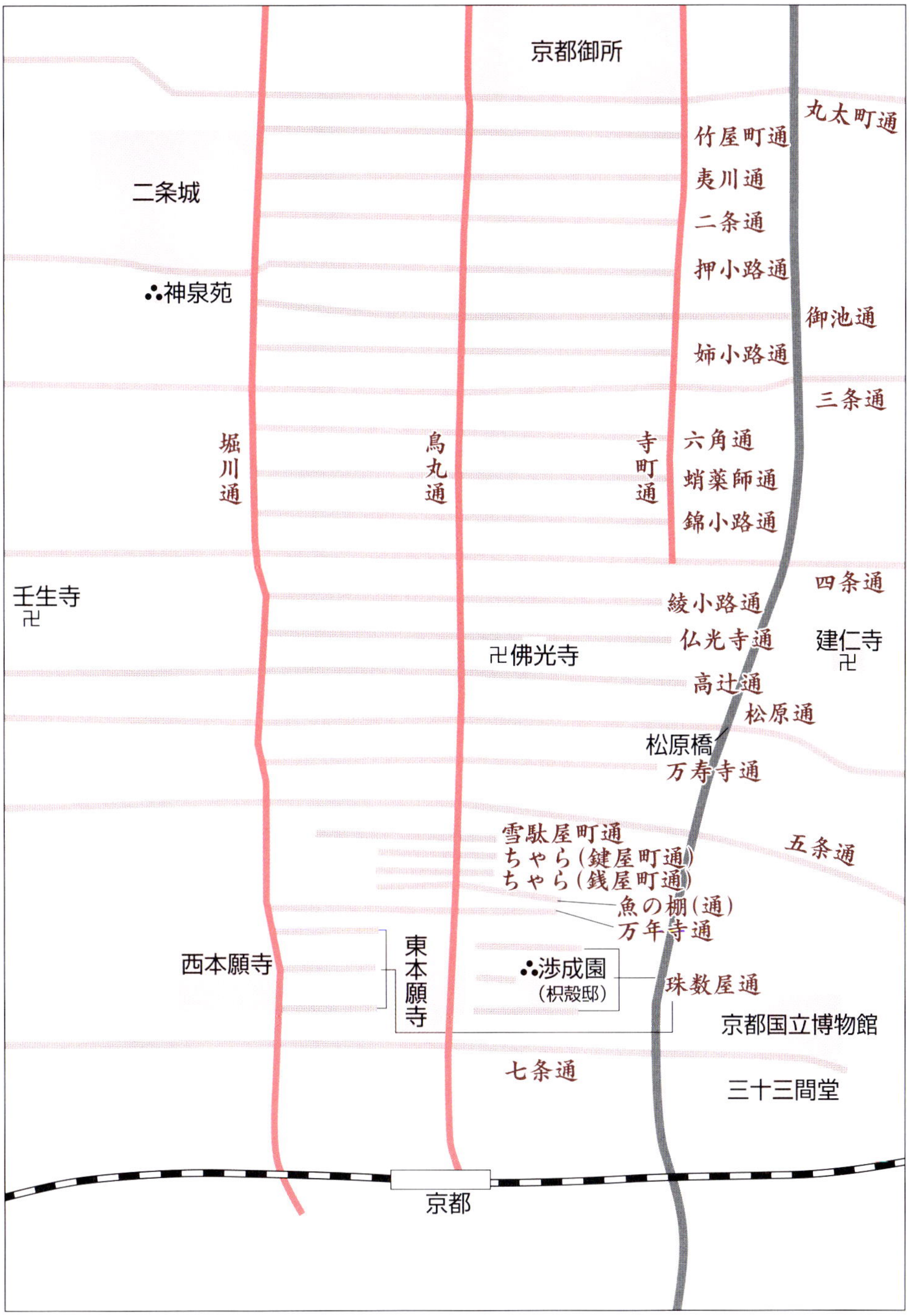
京都御所
丸太町通
竹屋町通
夷川通
二条通
押小路通
御池通
姉小路通
三条通
二条城
神泉苑
堀川通
烏丸通
寺町通
六角通
蛸薬師通
錦小路通
四条通
壬生寺
綾小路通
仏光寺通
建仁寺
佛光寺
高辻通
松原通
松原橋
万寿寺通
雪駄屋町通
ちゃら(鍵屋町通)
ちゃら(銭屋町通)
五条通
魚の棚(通)
万年寺通
西本願寺
東本願寺
渉成園
(枳殻邸)
珠数屋通
京都国立博物館
七条通
三十三間堂
京都

京都東山三十六峰

山紫水明な東山三十六峰、麓には多くの古刹を残す

果たして本当に三十六峰を数えるのか

中国河南省北部に標高一六〇〇メートルを誇る嵩山《すうざん》がある。中国五岳の一つであり、大小三六の峰が連なる。

鴨川《かもがわ》の東になだらかな山並みをみせる京都東山三十六峰《ひがしやまさんじゅうろっぽう》は中国の嵩山三十六峰になぞらえたものといわれている。この東山三十六峰は幾重にも連なる峰々の総称であるが、果たして実際に三十六峰を数えるのであろうか。

三十六峰は、初めから東山に三十六の峰々があったのではなく、後に当てはめたものといえ、結論からいえば、東山三十六峰に関して特に定説はなく、第一峰の比叡山を三十六峰に数えるかどうかさえ異論があるほどだ。

九三六（昭和一一）年、大阪営林局が発行した「東山国有林風致計画」によると、三十六峰は現在の山名に直すと以下の通りとされている。

1　比叡山　2　御生山　3　赤山
4　修学院山　5　葉山　6　一乗寺山
7　茶山　8　瓜生山　9　北白川山
10　月待山　11　如意ヶ嶽　12　吉田山
13　紫雲山　14　善気山　15　椿ヶ峰
16　若王子山　17　南禅寺山　18　大日山
19　神明山　20　粟田山　21　華頂山
22　円山　23　長楽寺山　24　双林寺山
25　東大谷山　26　高台寺山　27　霊鷲山
28　鳥辺山　29　清水山　30　清閑寺山
31　阿弥陀ヶ峰　32　今熊野山　33　泉山
34　恵日山　35　光明峰　36　稲荷山

平安時代以後、和歌や文学に登場

東山が文学や和歌に出てくるのは平安時代以後のことだ。『古今集』には東山は歌われなかったが、清少納言《せいしょうなごん》は『枕草子』で、東山の春の夜明けを次のように表している。

春はあけぼの　やうやうしろくなり行く、
山ぎはすこしあかりて、むらさきだちたる
雲のほそくたなびきたる

ここでは「東山」の名は出てこないが、二五三段では「月は有明の　東の山ぎはにほそく出るほどにいとあはれなり」と、「東の山」の表現を用いている。また、松尾芭蕉《まつおばしょう》門下の服部嵐雪《はっとりらんせつ》は、東山の連なりを眺めて「布団着て寝たる姿や東山」と歌った。

この東山三十六峰を有名にしたのは、江戸後期の儒学者であり、歴史家でもあった頼山陽《らいさんよう》（一七八〇〜一八三二）であろう。雅号を三十六峰外史と名乗り、東山および鴨川の風景の美を漢詩に残した。自宅を「山紫水明處《さんしすいめいしょ》」と名付け、その「山紫水明」は今では京都の代名詞的な言葉ともいえる。

その後、全盛期を迎えた無声映画や、地方回りの座長芝居やかけあい漫才などにおいて、「東山三十六峰、草木も眠る丑三《うしみ》つ時、突如として起こる剣戟《けんげき》の響き……」というフレーズが有名になった。なお、東山三十六峰の西麓には、銀閣寺《ぎんかくじ》、永観堂、南禅寺《なんぜんじ》、知恩院《ちおんいん》、高台寺《こうだいじ》、清水寺《きよみずでら》、智積院《ちしゃくいん》、泉涌寺《せんゆうじ》など、観光客の人気を集める寺院が多く集まっている。

東山三十六峰の主な山

東山三十六峰一覧

	山名	読み方	標高	関連する仏閣神社
第1峰	比叡山	ひえいざん	848m	延暦寺
第2峰	御生山	みあれやま	234m	御蔭神社
第3峰	赤山	せきざん	196m	赤山禅院
第4峰	修学院山	しゅうがくいんやま	340m	修学院離宮
第5峰	葉山	はやま	180m	葉山観音
第6峰	一乗寺山	いちじょうじやま	272m	一乗寺
第7峰	茶山	ちややま	180m	なし
第8峰	瓜生山	うりゅうやま	301m	旧・勝軍地蔵
第9峰	北白川山	きたしらかわやま	128m	勝軍地蔵
第10峰	月待山	つきまちやま	194m	銀閣寺
第11峰	如意ヶ嶽	にょいがたけ	465m	なし
第12峰	吉田山	よしだやま	121m	吉田神社
第13峰	紫雲山	しうんざん	96m	金戒光明寺
第14峰	善気山	ぜんきさん	266m	法然院
第15峰	椿ヶ峰	つばきがみね	132m	大豊神社
第16峰	若王子山	にゃくおうじやま	183m	若王子神社
第17峰	南禅寺山	なんぜんじやま	197m	南禅寺
第18峰	大日山	だいにちやま	150m	なし
第19峰	神明山	しんめいやま	218m	日向神社宮
第20峰	粟田山	あわたやま	180m	粟田神社
第21峰	華頂山	かちょうざん	216m	知恩院
第22峰	円山	まるやま	96m	安養寺
第23峰	長楽寺山	ちょうらくじやま	140m	長楽寺
第24峰	双林寺山	そうりんじやま	72m	双林寺
第25峰	東大谷山	ひがしおおたにやま	184m	東本願寺
第26峰	高台寺山	こうだいじやま	200m	高台寺
第27峰	霊鷲山	れいしゅうざん	176m	正法寺
第28峰	鳥辺山	とりべやま	84m	西本願寺
第29峰	清水山	きよみずやま	242m	清水寺
第30峰	清閑寺山	せいかんじやま	202m	清閑寺
第31峰	阿弥陀ヶ峰	あみだがみね	196m	豊国廟
第32峰	今熊野山	いまくまのやま	185m	新熊野神社
第33峰	泉山	せんざん	176m	泉涌寺
第34峰	恵日山	えにちやま	72m	東福寺
第35峰	光明峰	こうみょうほう	山頂不明	光明峯寺
第36峰	稲荷山	いなりやま	233m	伏見稲荷大社

京の名水がもたらした産業

美味しい水が酒、お茶、染織業の発展に寄与

伏水から伏見へ 名水はかく守られた

京都は「名水の都」といわれるが、特に伏《ふし》見《み》は六甲山《ろっこうさん》麓の灘《なだ》と並ぶ銘酒の産地だ。灘の酒は辛口で男酒を特徴とするが、伏見の酒は対照的に甘口で女酒とされる。では、なぜ伏見の酒は美味しいのか。その理由はいうまでもなく、伏見の水に隠されている。

伏見は、江戸時代までは「伏水」と書かれ、今の「伏見」に地名が統一されたのは明治時代になってからのことだった。美味しい水が湧き出る地域として有名であり、特に伏見七名水の一つ「石井」の水を現在に伝えているのが、今から一一四〇年前に創建された伏見の氏神、御香宮《ごこうぐう》神社である。その名は境内に御香水《ごこうすい》と呼ばれる霊水が湧き出たことに由来するといわれており、御香水は全国名水百選にも認定されている。

しかし、伏見はかつてこの名水が湧き出る地下水脈を遮断される危機に立たされたことがある。一九二八（昭和三）年、現在の近鉄である奈良電鉄が伏見に地下鉄を通す話を持ち出したからだ。当時、伏見には陸軍一六師団の施設が集中しており、京都〜奈良間に電車を走らせる事業計画が持ち上がった際、路面電車では施設内が丸見えになるため、地下鉄案が代替案として出されたのだ。

もちろん、伏見に地下鉄が走ることになれば地下水にも影響をおよぼすのは必至だ。そこで伏見の酒造業者は、「もしも地下鉄工事を強行すれば、伏見には地下水がなくなり、酒もつくれなくなる。ひいては国庫への酒税納税は大幅に減少する」といって、地下鉄計画を粘り強く阻止するよう働きかけ、現在のような高架式軌道へと変更させた。伏見の名水はこれにより死守されたのだ。

名水なくして京都にお茶文化はありえなかった

酒に関わる名水として、伏見の他にも京都では酒の神を祀《まつ》る松尾大社《まつおたいしゃ》の亀の井が有名だ。亀の井の水は酒造りをする際に加えると失敗しないといわれており、秋に催される酒造祈願祭では、全国各地から集まった酒造業者がこの亀の井の水を持ち帰るという。

室町時代になって、京都の名水はお茶とも深く関わりを持ってくる。書院風のお茶を発展させた能阿弥《のうあみ》は、お茶の七名水として御手《みた》洗《い》井《い》、常磐井《ときわい》、醒ケ井《さめがい》、水薬師の水、大通寺《だいつうじ》の井、中川井、芹根井を選んでいる。さらに時代が進むと、千利休《せんのりきゅう》もよく用いたという利休井の他、菊水の井、柳井、晴明井、三斎井《さんさいい》、豊園水、あるいは裏千家《うらせんけ》で用いている梅の井などもお茶に関わる名水として登場してくる。

加えて、京都の名水がもたらした貢献は酒やお茶だけに留まらない。かつて京都駅のすぐ西側を南北にわたって流れていた西洞院川《にしのとういんがわ》では、常磐井、滋野井、柳の水などの水脈を担っていた。

川沿いでは染織業や製紙業が栄え、江戸時代には黒染の一つである創術家の吉岡憲法《よしおかけんぼう》が開発した憲法染をはじめ、西洞院紙が名産となった歴史を持つ。残念ながら西洞院川は現在では消滅したが、今でもかつての川沿いの染織業者が残っている。

京都市内の名水

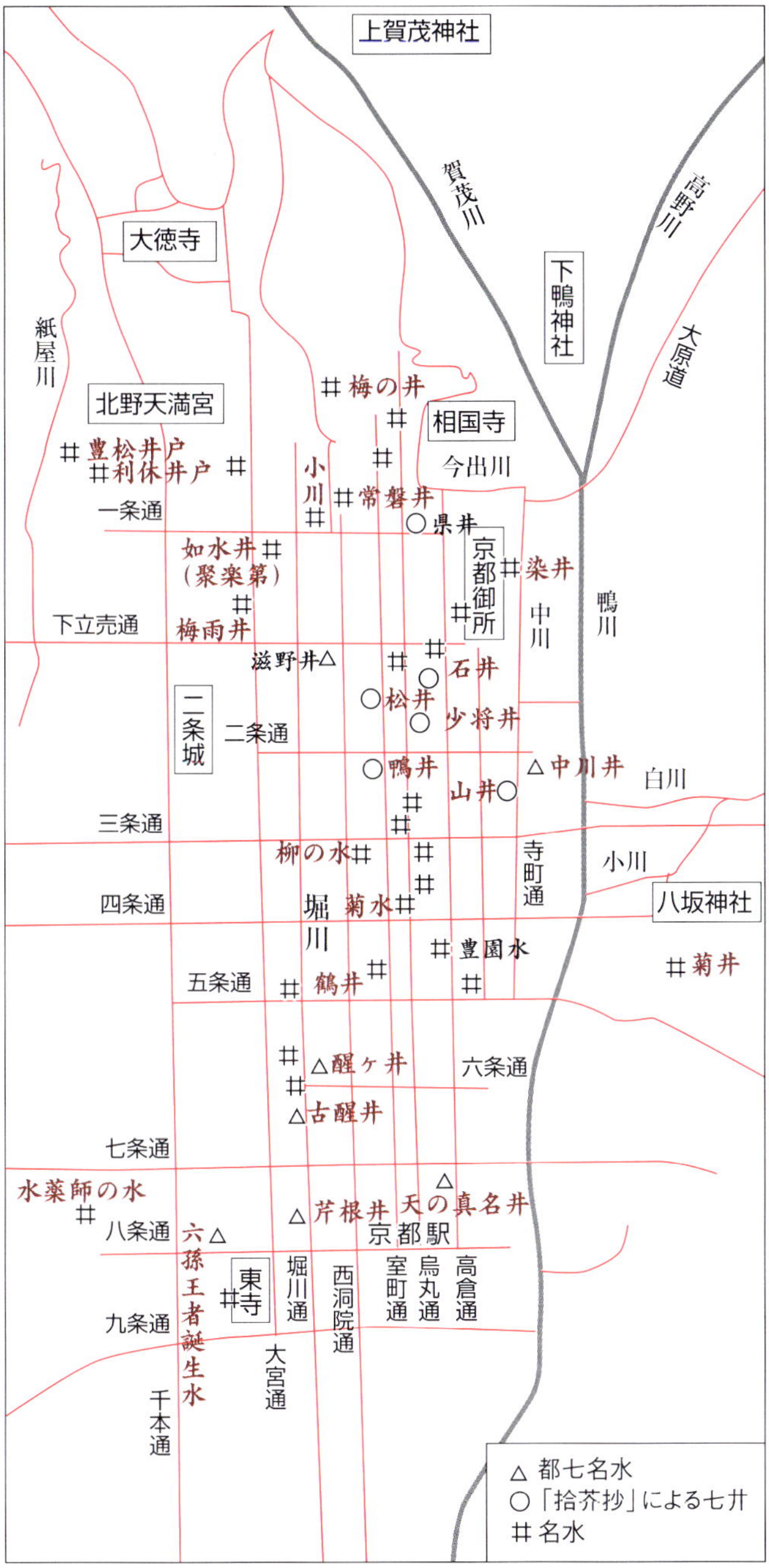

出典『もっと知りたい！水の都　京都』
鈴木康久・平野圭祐・大滝裕一編（人文書院）

伏見の醸造量と酒造家数

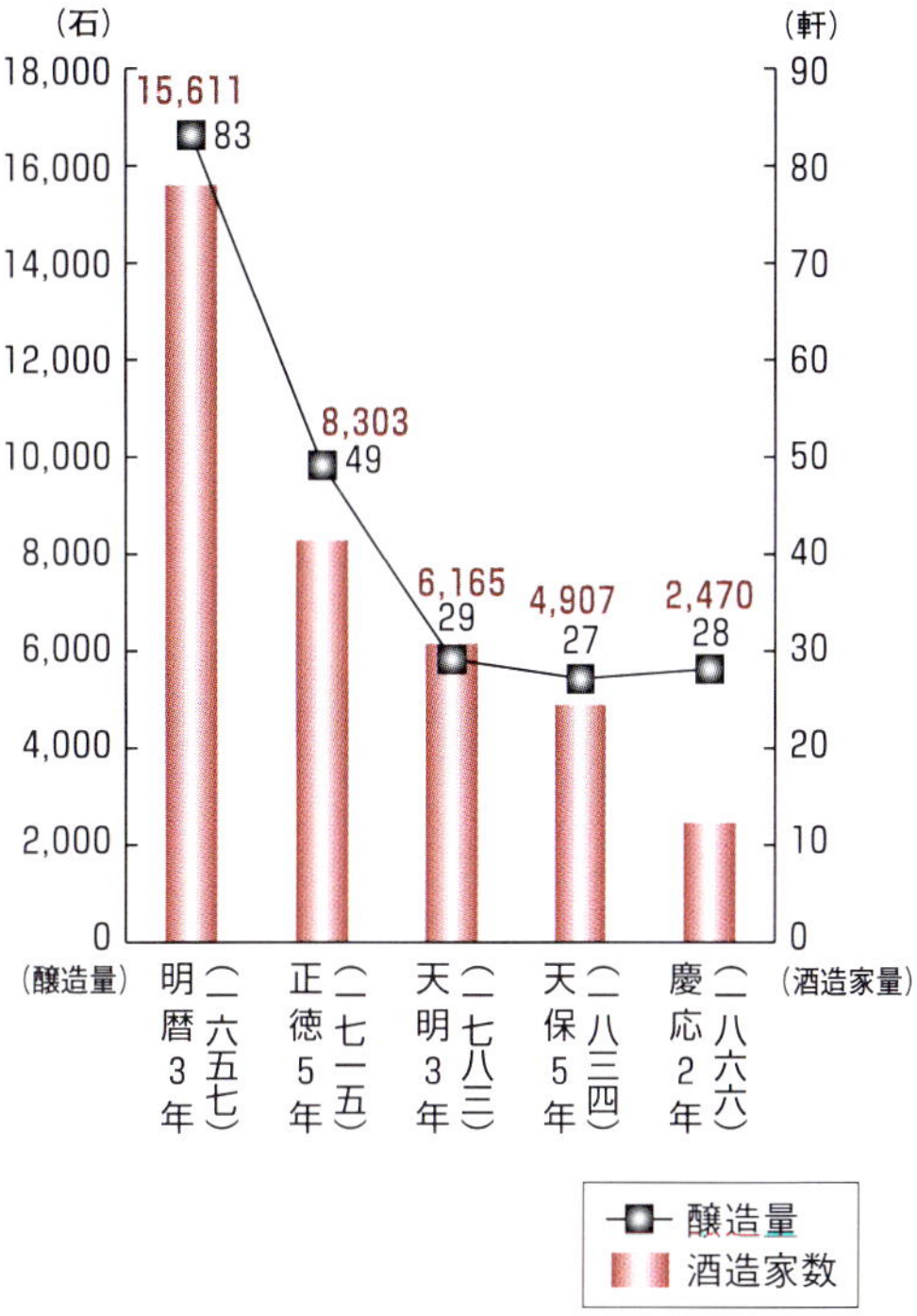

伏見酒生産量の推移

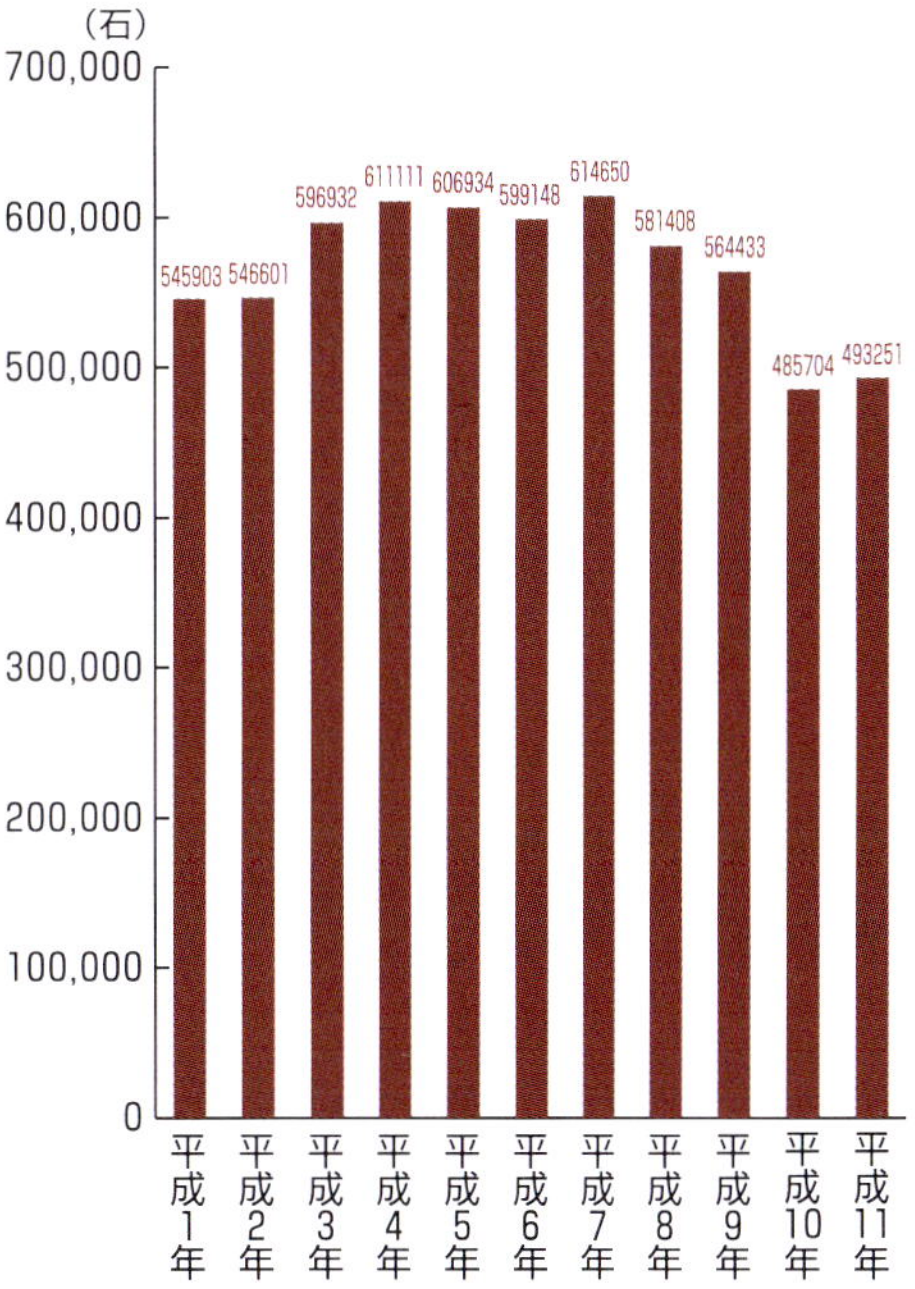

資料提供　伏見酒造組合

京都の伝統産業と西陣

西陣を中心に各地域で同業者町を形成

京都の伝統産業を受け継ぐ同業者町

平安遷都以降、京都では朝廷、貴族、僧侶たちを対象とした高級品の生産が盛んに行われた。それらは伝統産業として受け継がれ、現在、「京都では西陣織《にしじんおり》、京友禅《きょうゆうぜん》、清水焼《きよみずやき》をはじめ、京鹿《きょうか》の子絞《こしぼ》り、京小紋《こもん》、京人形、京扇子、京仏具、京黒紋付染《きょうくろもんつきぞめ》など一七の業種が「伝統工芸品」として経済産業大臣より指定されている（平成一七年一〇月現在）。

伝統産業の多くは手工業に基づく熟練された生産技術を必要とするため、生産工程が分業化されている。例えば京扇子においては二〇ほどに細分化され、紙の部分だけでも版画、箔《はく》押し、絵付け、折り、仕上げとにわかれている。そこで京都では、技術職人や問屋が一定の地域に集中する同業者町を築くようになった。同業者町の形成は、多くの集客が期待でき、業界や技術についての情報も共有しやすくなる。また、業界内での競争が地域全体の活性化をもたらした。

例えば中京区の夷川《えびすがわ》通、烏丸《からすま》通から寺町通までの約七〇〇メートルの間はおよそ五〇軒の家具店や建具店が並ぶ家具店街をなしている。蛤御門《はまぐりごもん》の変（一八六四）での被災後、町の復興に向けて夷川通の商人たちが古家具や古建具を集めて販売したのが家具店街に発展したものではないかといわれている。他にも千本通の三条から四条にかけては材木商が集まり、東山区の新門前通、古門前通には古美術商、五条坂には陶磁器商が集まる同業者町を形成していた。

最大の同業者町を形成していた西陣

同業者町の中でも最大ともいえるのが、日本を代表する高級絹織物「西陣織」の生産地として栄えた西陣だろう。地名の起こりは応仁の乱で、西軍の陣が山名宗全《やまなそうぜん》の屋敷（堀川通今出川上ル付近）に置かれたことに由来する。

西陣が機業地として発展したのは応仁の乱の後であり、乱以前は織手の居住地であった。平安時代、律令体制の元で織部司《おりべつかさ》が置かれ、織部町の織手たちに高級な織物をつくらせていた。鎌倉時代になると織手たちは大舎人《おおとねり》町で綾を、大宮で練貫《ねりぬき》を織って朝廷の管轄から独立するようになる。しかし、応仁の乱が状況を一変させた。京の町は焼け野原となり、織手たちも和泉国《いずみのくに》界に移住するようになった。

そして乱後、一部の織手たちが再び京都に戻り、山名宗全の西陣跡である大宮を中心に大舎人座を結成し、大舎人の綾の復興を果たした。この復興が西陣の始まりとされる。

西陣は豊臣秀吉の保護を受けて隆盛を極め、のちに元禄期において頂点に達した。「西陣焼け」と呼ばれる享保の大火（一七三〇）や天明の大火（一七八八）では、西陣の大半を焼失するなど大きな被害を受けたが、そのつど幕府の保護を受けて立ち直っている。また、桐生《きりゅう》や丹後《たんご》、長浜《ながはま》でも西陣に倣《なら》って機業が盛んになった。一八三三（天保四）年からの大飢饉、疫病の流行により衰退を余儀なくされたものの、明治に入ると西陣織物産会社が設立され、再興がはかられた。

西陣の範囲

西陣織の推定出荷数量及び金額

原料別→ ↓品種別	絹・絹紡	前年比(%)	絹交	前年比(%)	人絹・合繊毛・その他	前年比(%)	数量合計	前年比(%)	金額合計(千円)	前年比(%)	構成比(%)
丸帯(本)	13,116	90.7					13,116	90.7	1,380,239	111.7	2.3
袋帯(本)	725,666	81.1	17,962	171.8			743,628	82.2	31,643,528	97.6	51.6
なごや帯(本)	99,398	79.7					99,398	79.7	2,514,209	112.9	4.1
袋なごや帯(本)	46,680	72.5					46,680	72.5	2,019,377	99.3	3.3
綴なごや帯(本)	9,042	100.6			25	−	9,067	100.9	1,069,452	114.2	1.7
黒共帯(本)	85,633	60.2					85,633	60.2	689,514	63.6	1.1
その他(本)	717	47.7					717	47.7	53,347	64.3	0.1
帯合計(本)	980,252	78.4	17,962	171.8	25	−	998,239	79.1	39,369,666	98.3	64.2
正絹きもの(反)	78,792	82.5	15,139	130.9			93,931	83.8	3,174,306	103.0	5.2
ウールきもの(反)	3,268	98.8					3,268	98.8	37,591	92.1	0.1
きもの合計(反)	82,060	83.1	15,139	89.2			97,199	83.8	3,211,897	102.8	5.2
ネクタイ(本)	2,808,437	66.5					2,808,437	66.0	2,335,785	69.5	3.8
金襴(m^2)	601,534	436.0	305,574	130.9	92,926	60.7	1,000,034	120.7	5,429,047	94.5	8.9
和装裂地(m^2)	11,774	55.9			101,875	112.4	113,649	101.8	400,703	14.8	0.7
室内装飾用織物(m^2)	1,607	399.8	289	174.1	8,825,211	65.2	8,827,107	65.3	9,964,191	70.1	16.3
服地(m^2)	528	−			27,447	38.7	27,975	38.8	66,472	636.3	0.1
その他*(m^2)	45,958	57.0			57,531	103.9	103,489	76.1	522,733	38.7	0.9
総合計									61,300,494	86.6	100.0

＊ スクリーン地、打掛、八掛、夜具地、胴裏地、肩裏、帯地の裂地等。
○ 京都府織布生産動態調査を基本として、第16次西陣機業生産動態調査の結果をふまえ、西陣織工業組合で推計したもの。

鴨川と賀茂川

二つの「かもがわ」はいかにして生まれたか

鴨川と賀茂川、同じ川で二つの書き方を持つ

京都は山紫水明《さんしすいめい》の地、その象徴の一つともいえるのが鴨川《かもがわ》だろう。この鴨川、牛若丸《うしわかまる》と弁慶《べんけい》の戦いで有名な五条大橋（旧松原橋）、市内中心部に架かる四条大橋、そして旧東海道の起終点だった三条大橋をさらに上ると、ちょうど出町柳《でまちやなぎ》で二方から流れてくる川が合流している。向かって右側が高野川、左側が賀茂川《かもがわ》である。

では、どうして出町柳の合流点を境にして、上流を賀茂川、下流を鴨川と書くことが多いのか。残念ながら明確な答えがあるわけではないが、河川を管理する河川法では、全体に対し「鴨川」を正式な河川名とする。

にもかかわらず、賀茂川の名が今でも残るのは、上賀茂《かみがも》神社（賀茂別雷神社《かもわけいかづちじんじゃ》）および下《しも》鴨《がも》神社（賀茂御祖神社）との関係に起因する。この辺り一帯にかけて、かつて大和《やまと》から移住してきた賀茂氏が本拠地としたところで、北山山麓の上賀茂神社、合流点付近の下鴨神社は賀茂氏らの氏神にあたる。そこで神社名を「賀茂」と「鴨」を振り分けることにより、合流点より上流を賀茂川、下流を鴨川と呼び、総称を鴨川としたといわれている。

ところでこの鴨川、「鴨川人工説」もしくは「鴨川つけかえ説」が取り沙汰されたことがある。平安京遷都を迎えた頃、鴨川は平安京の真ん中となる現在の堀川《ほりかわ》あたりを流れており、それでは都の造営に支障をきたすため、桓武《かんむ》天皇が鴨川を人工的に東へ寄せたというのだ。工事にあたっては、秦氏《はたうじ》の協力があったとされる。

かつては度々氾濫を起こし京の人々を悩ませてきた

だが、歴史上の文献ではそのような事実はみあたらない。平安遷都千百年記念に出版された『平安通志』巻之一に初めて、次のように書かれていた。

「鴨川が都にまっすぐあたるので、長い堤を築いて川を東へよせ、氾濫を防いだと推定され、現在もその跡が残っている」

この説を根拠に一九二六（大正一五）年、京都大学の卒業論文として先の鴨川人工説が発表されたのだ。特に合流地点の見事なまでのY字形がその説に信ぴょう性を持たせた。

しかし、近年における地質調査では、人工説を否定する結果が多く出されている。今では鴨川は、昔から現在のところを流れていたというのが一般的な説だ。ただし、堀川に関しては、人工的な河川との認識が高いようだ。

鴨川は今でこそ河川整備が進み、洪水は減ったが、古来より度々大氾濫を起こしてきた。

「賀茂川の水、双六《すごろく》の賽《さい》、山法師《やまほうし》、是《これ》ぞ朕《ちん》が心に随《そ》わぬ者」

平安時代末期、白河《しらかわ》天皇はそう嘆いていたそうだ。平安京造営に伴う周辺森林の伐採や、近世を迎えてからは人口増加による森林破壊が進んだことなどが主な原因だろう。

なお、近代以降では、一九三四（昭和九）年、室戸台風が京都を襲った際、鴨川の氾濫による水害がその被害を拡大させ、死者一二八人、負傷者一六三一人、倒壊、流失、浸水家屋一万三〇〇〇棟以上を記録している。

京都市街を流れる川

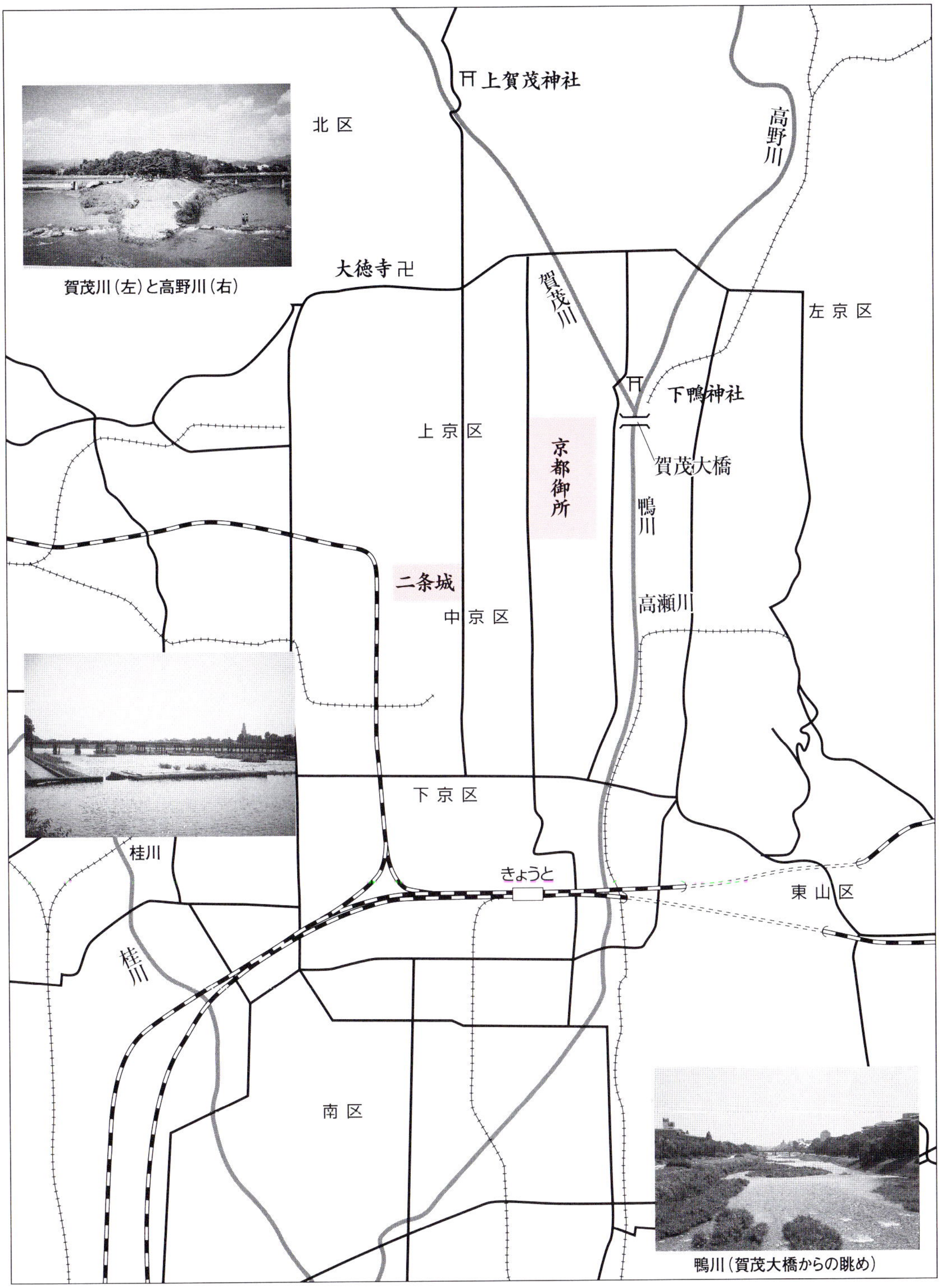

賀茂川（左）と高野川（右）

鴨川（賀茂大橋からの眺め）

『京野菜』その産地と伝統

独自の京野菜が生まれた地理的要因

自給生産から本格的な商業生産へ移行

京都で生産される野菜を「京野菜《きょうやさい》」と呼ぶ。冬の漬物として人気の高い「すぐき」や千枚漬の材料となる「聖護院《しょうごいん》かぶ」、また大きな球形の「賀茂《かも》なす」や重さ一キロにもなる「堀《ほり》川《かわ》ごぼう」など、全国的にも有名なものが多く、他にも四〇種以上の京野菜があるといわれている。

京都における中世以前の農業は、単に自給的なものでしかなかった。江戸時代後期になり、人口の増加に伴い商業的な農業がみられ、本格的な野菜生産が行われるようになった。

全国的には外来野菜が導入されたのに対し、京都では古来伝統的な栽培方法が中心だったのは、海から遠いため野菜栽培に力を入れたことや、禅宗《ぜんしゅう》の発達により精進《しょうじん》料理が普及したこと、あるいは野菜が朝廷や社寺への献上品として用いられたことなどが大きく関係している。

明治以降になると、野菜の栽培地に住宅や公共施設が建てられるようになり、戦後には農地の宅地化に伴い、近郊農業地帯は京都の外縁部への移動を余儀なくされた。例えば元来はその名の通り九条《くじょう》で栽培されていた「九条ねぎ」は、十条、上鳥羽《かみとば》、さらに下鳥羽へと、京都の南部へと産地を変えていった。

産地の移動をおおまかにみると、栽培地が周辺地域へも拡大したケース、元の栽培地から遠く離れた場所へ移動したケース、あるいは最初の栽培地から次第に辺縁部《へんえんぶ》へ移動していったケースが考えられる。

農地の宅地化や移動は栽培農家の減少をもたらしたが、その一方で京野菜のブランドが確立されたことにより、南山城《みなみやましろ》地方や丹波《たんば》地方のように、積極的に京野菜の生産を行うようになった地域も少なくない。

すぐきに賀茂なす、ブランド化された京野菜

一九八七（昭和六二）年、京都府は三七品目を「京の伝統野菜」に指定し、一九八九（平成元）年には農協および農業関連団体らによってブランド認証制度も始まった。その結果、一九九五（平成七）年度における京野菜の出荷量は五六三トン、出荷額は約二億六〇〇〇万円に達したが、これは一九八九年度の約一〇倍に相当する。

では、京野菜を個別にみてみよう。すぐきはかぶらの一種であり、その生産は約三〇〇年ほど前からといわれている。元来は庭で植え、夏に食べる漬物として少量ずつ冬に漬けたようだが、明治以降はすぐきを室に入れ、乳酸発酵を早める製造方法が取り入れられている。

上賀茂の特産品でもある賀茂なすも、元々は京都南部の鳥羽でつくられていたが、やがて北部でも生産されるようになった。現在は一九軒の農家によってつくられた「上賀茂特産野菜研究会」で、原種の賀茂なすの保存や栽培を行っている。夏野菜であり、四月下旬から一〇月末までが出回り時期にあたるが、ビニールハウスによる栽培も多くみられる。なお、これらの京野菜は、現在でも一部で振り売りによる販売が行われている。

京野菜の主な産地

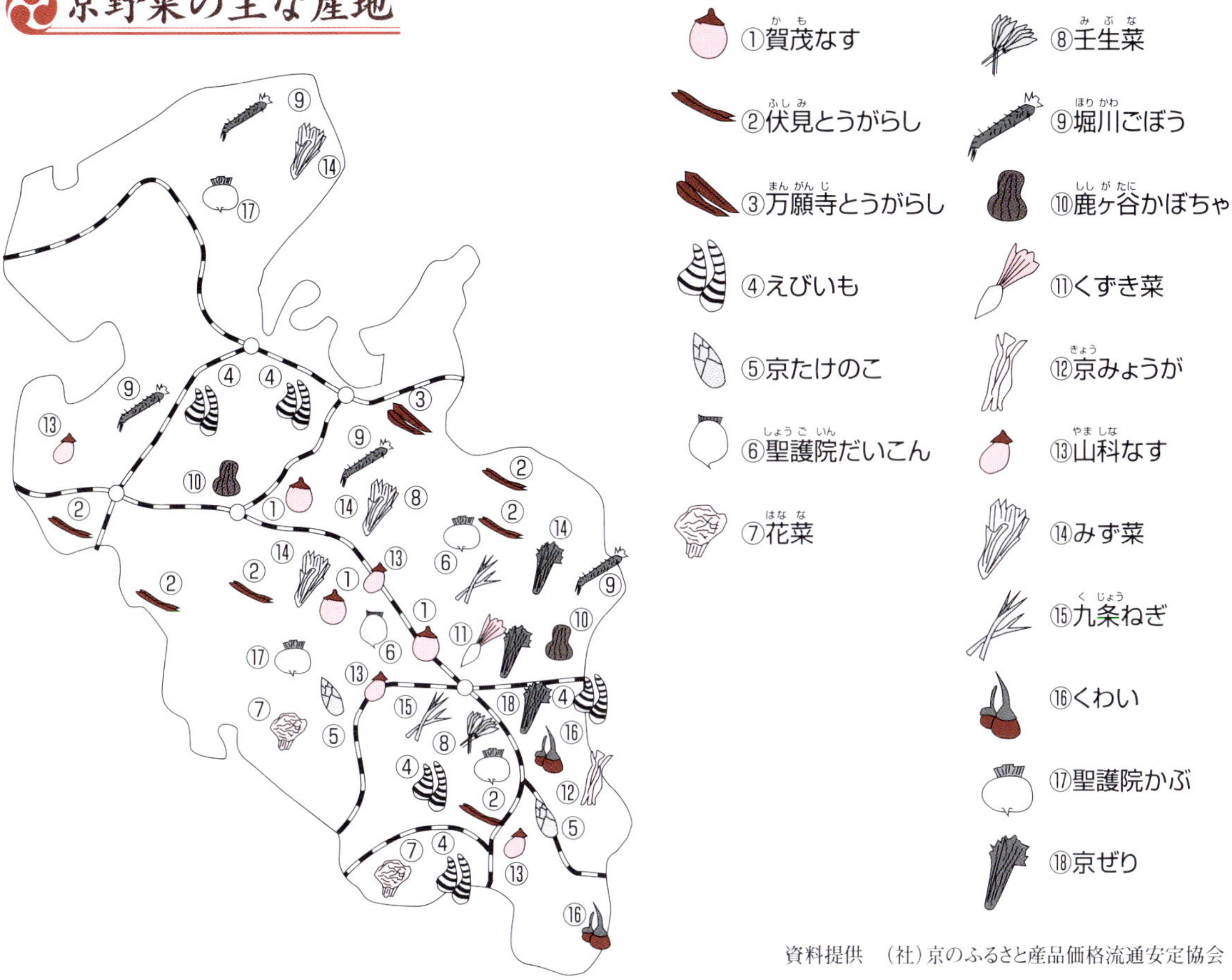

資料提供　(社)京のふるさと産品価格流通安定協会

京野菜の出回り時期と最盛期

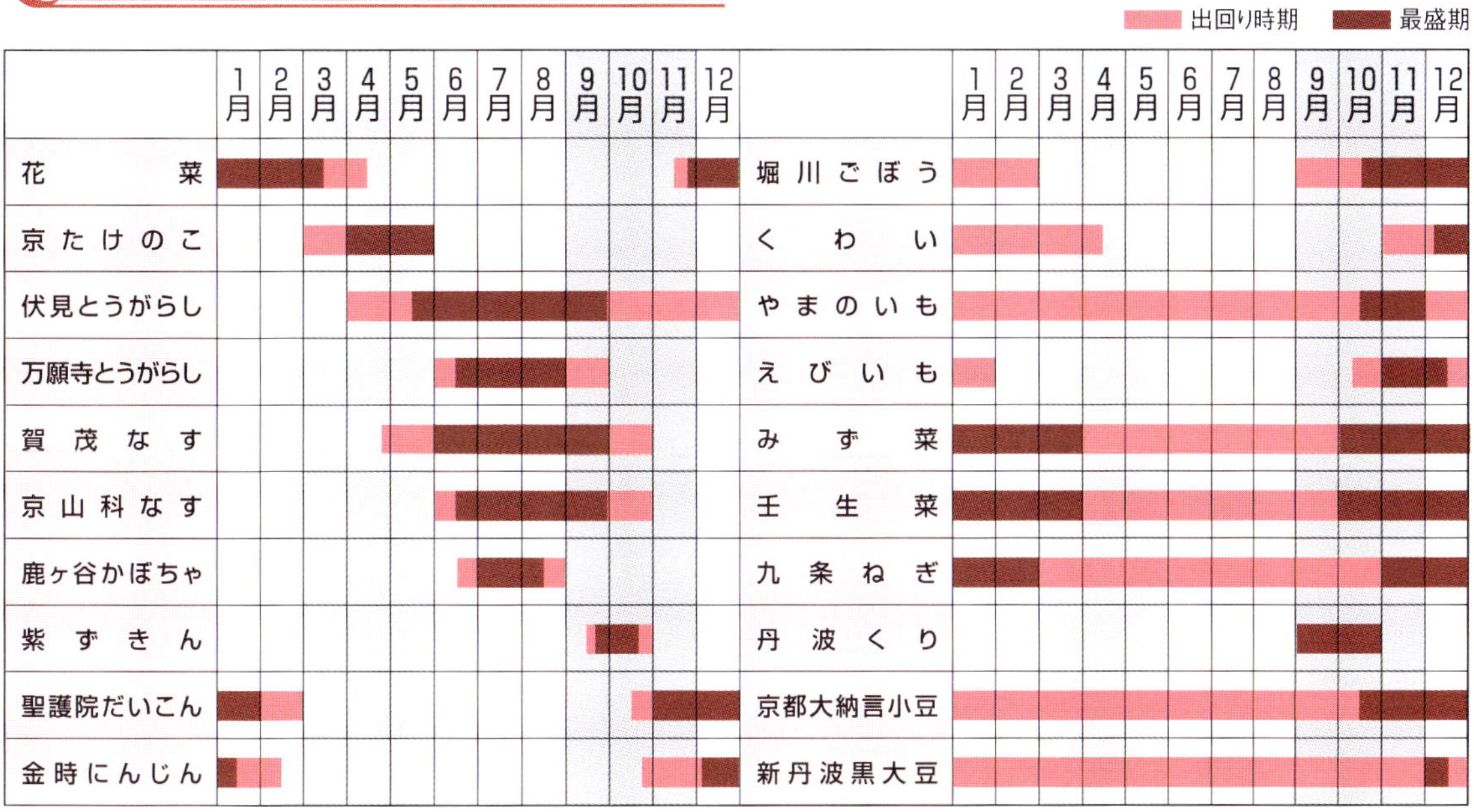

京都を貫く街道

西へ山陽道、東へ東海道、若狭より鯖街道

平安京をめざした京の幹線道路や街道

平安京《へいあんきょう》遷都を迎えると「すべての道は平安京に通ず」の言葉に象徴されるように、幹線道路は平安京へと向かうことを必然とした。その代表的なものの一つが太宰府《だざいふ》より京へと繋《つな》がる山陽道だ。山崎《やまざき》より北東へ直進すると久我畷《くがなわて》（久我縄手）に出る。久我畷は平安時代の都市計画道路（畷・縄手はまっすぐに長い道のこと）で、平安京の正門である羅城門《らじょうもん》から延びる鳥羽《とば》作り道（鳥羽街道）と山崎津（港）を結ぶバイパスの役目を担っていた。久我畷は、河内、紀伊を経て四国へ通じる南海道でもあった。

西国《さいごく》街道も鳥羽口へと入ってくる道だ。初めは廃都となった長岡京《ながおかきょう》から新しき都平安京への移転の際に使用され、それ以後も旧長岡京の街路を通って山崎に繋がるもう一本の山陽、南海道として利用された。

一方、東から平安京へと入る幹線道路には東海道や東山道、北陸道が挙げられる。これらの道は山科《やましな》盆地から一本の道として東山を経由して平安京へと繋がる。東山越えの最初の経路は不明だが、羅城門を南に向かったところに東西に走る大縄手《おおなわて》という古道があり、その東端より今の師団街道《しだんかいどう》を南下し、大津《おおつ》街道を通って山科へと向かったと思われる。特に東海道は、平安時代後半から中世、近世を通じて、鎌倉や江戸に繋がる最大の幹線道路として発展するようになった。

若狭より海産物の物流をなした鯖街道

約一一〇〇年にわたり都だった京都は海を持たず、淡水魚は琵琶湖を筆頭に淀川《よどがわ》、桂川《かつらがわ》、賀茂川《かもがわ》から供給され、海の魚は若狭《わかさ》湾を主に日本海方面からのものが最も多く、大阪湾や瀬戸内海、あるいは伊勢志摩からも供給されていた。

さて、話は鯖《さば》街道。若狭湾で揚げられた鯖に一塩して、福井県小浜《おばま》から京都へ急いで運ぶと、着いた頃には絶妙な味加減となって京の人々に喜ばれたという。そして、いつしかその鯖が運ばれる街道を「鯖街道」と呼ぶようになった。主に若狭街道が鯖街道の代表だが、鯖街道は一本ではなく、小浜から京都に通じるすべての街道がいわば鯖街道ともいえ、周山《しゅうざん》（旧京北《けいほく》町）経由や琵琶湖の西に出る道など、主な道だけでも五つはあったという。

一七六七（明和四）年、若狭小浜の町人学者が記した『稚狭考』では、次のように書かれている。

「小浜より京にゆくに、丹波八原《やはら》通に周山をへて長坂より鷹峯《たかがみね》に出る道あり。其次八原へ出すして渋谷より弓削《ゆげ》・山国に出て行道あり。又遠敷《おにゅう》より根来《ねごろ》・久田・鞍馬《くらま》へ出るもあり。此三路の中にも色々とわかるゝ道あり。朽木《くつき》道、湖畔の道、すべて五つの道あり」

最もよく利用された道筋は、小浜市の遠敷を通り、熊川、朽木、そして花折峠《はなおりとうげ》を越えて京都に入り、そこから大原三千院《おおはらさんぜんいん》から八瀬《やせ》を経て、京都七口の一つである大原口へと通じる経路だろうか。距離にして約八〇キロ、運搬人は一五貫（約五六キロ）ほどの荷を背負い、二日がかりで運んだという。

京都へつながる街道

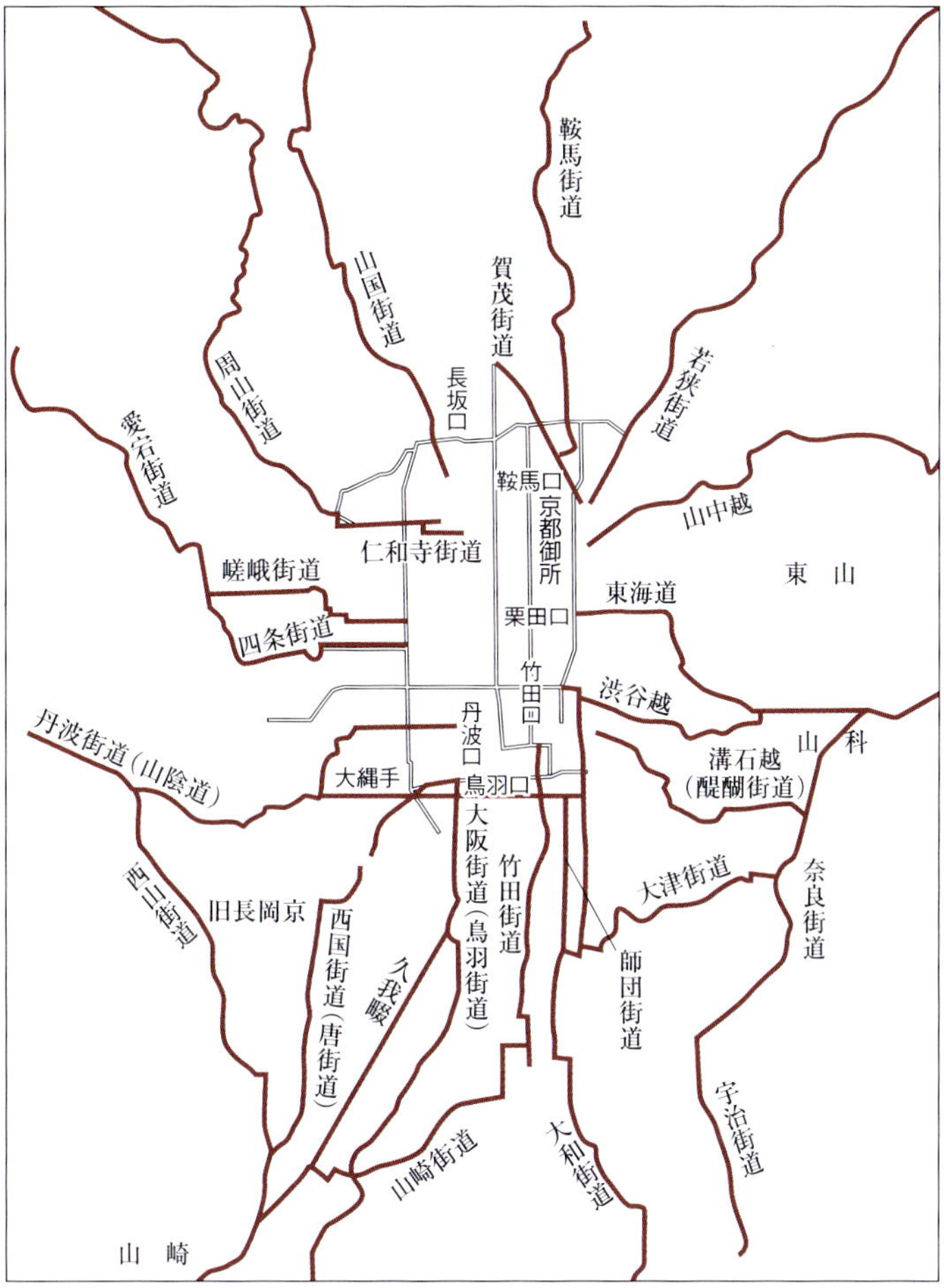

参考資料『京都歴史アトラス』足利健亮編(中央公論社)

琵琶湖周辺の街道

九里半街道は、琵琶湖北岸西側の今津港と福井県（若狭国）の小浜港を結ぶ中世の商業交通路で、若狭街道の一部である。中世には、小浜に集まる若狭の塩や北国の海産物が、この街道を経て湖北の今津や高島に運ばれ、さらに湖上船運により大津などに運ばれた。朽木経由で京都まで鯖を運ぶことも多かったため、鯖街道とも呼ばれた。

京都を襲った二つの大火

京都史上最大規模を持つ宝永の大火と天明の大火

一八世紀を迎え、甚大な災害をもたらした京の大火

花の元禄《げんろく》期ともいえる一七世紀末、江戸時代の京都には伝統的な権威の象徴でもある京都御所《ごしょ》と、武家の権力を示す二条城《にじょうじょう》が置かれ、近世京都の形成がなされていた。だが、一八世紀を迎えて、京都は二つの大火による災害を被り、甚大な打撃を受けることとなった。

宝永《ほうえい》の大火は一七〇八（宝永五）年三月、油小路《あぶらこうじ》通姉小路《あねやこうじ》付近から出火し、二日間にわたって燃え続けた。火は西南風に煽《あお》られ、延焼地域は東北部へと拡大し、最終的には東は鴨川《かもがわ》、西は堀川《ほりかわ》、北は今出川《いまでがわ》南、南は四条までが被災地域となった。『宝永五年炎上記』によると町数四一五町、家数一万一三〇軒余、寺数五〇か所、社頭一八か所、西道場一二か所、東道場二三か所、土蔵火入六七〇余と記録されている。さらに禁裏《きんり》御所の焼失も余儀なくされ、七八軒もの公家屋敷の他、諸藩の武家屋敷も二四軒焼失している。

宝永の大火からちょうど八〇年後に起きたもう一つの大火が天明の大火である。これは応仁以来の大惨事をもたらし、京都史上、最大規模の大火ともいわれている。『天明炎上記』『京都大火』『京都大火記録』などの記録も多く残され、当時は京都焼亡図や木板による大火記録も売り出されたばかりでなく、後にわらべ唄にもなったほどだ。

洛中の九割が焼亡 二条城や御所も炎上

炎が上ったのは一七八八（天明八）年一月二九日未明、鴨川東宮川町団栗図子《どんぐりのずし》の空家から出火した。火は鴨川の西岸へも飛び火し、やがて全市中へと燃え拡がった。火消の人々の尽力ではもはやどうにもならず、火消たちは禁裏を始めとする警固を担い、また亀山《かめやま》、高槻《たかつき》、郡山《こおりやま》、膳所《ぜぜ》、淀《よど》、篠山《ささやま》などからかけつけた近国の大名もなす術なく、各所の警衛にあたるしかなかった。

焼失家屋は三万六〇〇〇軒以上、洛中の戸数がおよそ四万軒だったから、実にほぼ九〇パーセントが焼失したことになる。焼けた寺は二〇一か所、神社は三七にのぼっている。また、この大火により御所も炎上を免れず、二条城や周辺の武家屋敷の焼失をも招いた。

禁裏においては、宝永の大火の先例にならい、下鴨神社への避難の行幸《ぎょうこう》が決まった。しかし、その後、御所が炎上したとの注進《ちゅうしん》を受け、還御《かんぎょ》が不可能となったことから再び聖護《しょうご》院《いん》へと行幸している。天皇は仮御所を聖護院に置き、そこで避難の日々を過ごした。あわせて仙洞《せんとう》御所は青蓮院《しょうれんいん》、女院御所は修学院《しゅうがくいん》竹内宮御殿、女一宮は妙法院《みょうほういん》へと落ち着き、東西両町奉行はそれぞれ焼け残った北南両二条門番頭の屋敷に入って仮奉行所とした。

この天明の大火で死者についての正確な記録は残されていない。『大島家文書』では一五〇人とされているが、『伊藤氏所蔵文書』では一八〇〇人余と記されている。

寺町清浄華院《しょうじょうけいん》境内には、「焼亡横死百五十人之墓」と刻まれた天明大火の供養塔が建てられ、死者が祀られている。

なお、蛤御門の変の時は京都の町の大部分が焼けている。

天明の大火の焼失地域

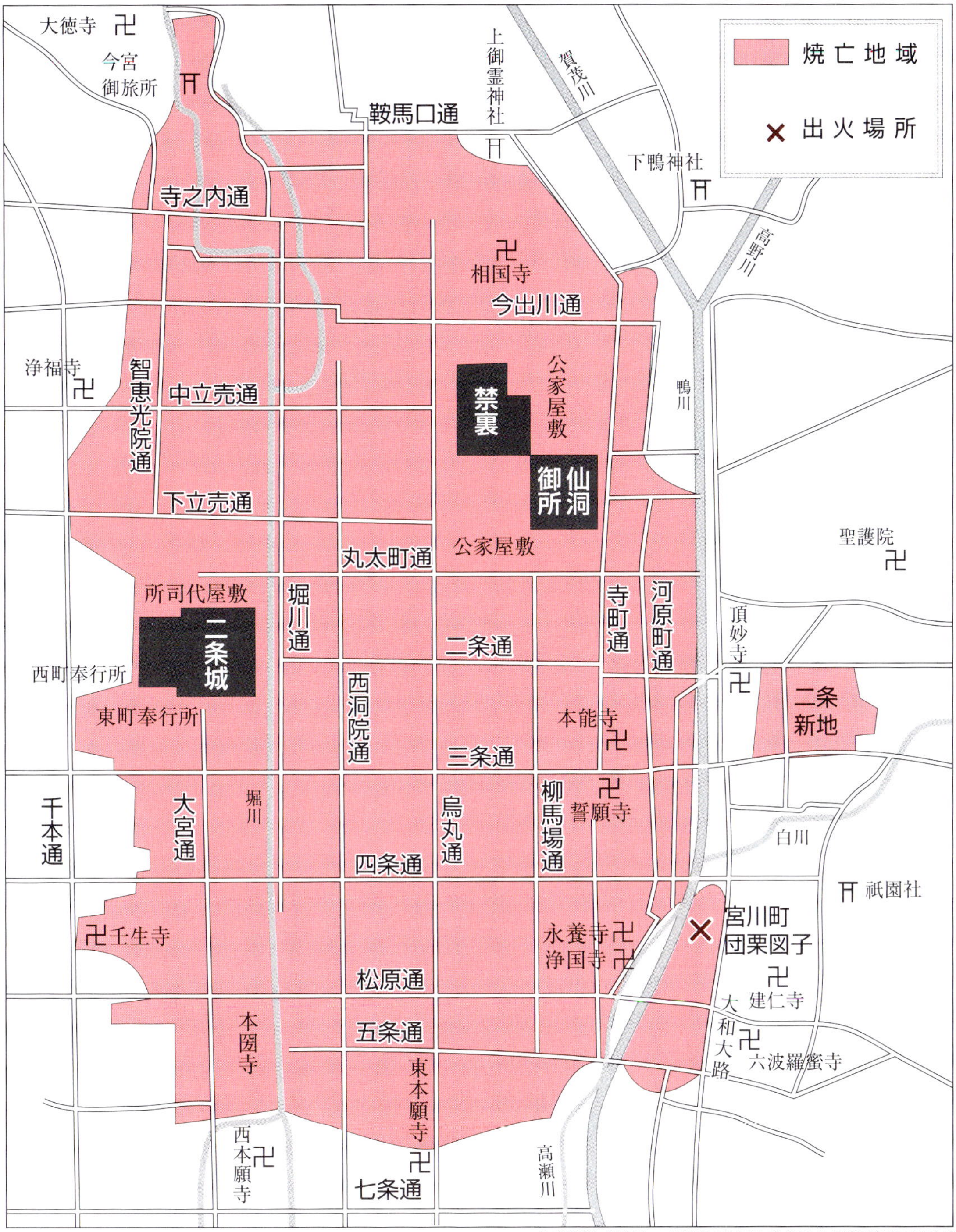

参考資料『図説 京都府の歴史』森谷尅久編(河出書房新社)

天明の大火は、1788(天明8)年1月29日未明、鴨川東岸の宮川町団栗《どんぐりの》図子《ずし》から出火し、2月2日未明(他説あり)の鎮火までに、東は河原町・木屋町、北は上御霊神社・鞍馬口通・今宮御旅所北辺、西は智恵光院通・大宮通、南は東西本願寺北辺におよび、洛中町場のほとんどが焼失した。

史料に残る大地震

伏見城、二条城本丸を破壊した三つの活断層

近世の京都では頻繁に巨大地震が起きていた

　京都盆地には、花折《はなおれ》、西山、黄檗《おうばく》の三つの活断層が走っている。京都を襲った最も新しい地震は一九九五（平成七）年の阪神淡路大震災が記憶に新しいが、歴史的には過去に何度もの大地震が起きている。最も古い被害記録は八二七（天長《てんちょう》四）年で、その後、近世の京都を襲った比較的大きな地震としては、一五九六（慶長《けいちょう》元）年の慶長伏見《ふしみ》地震、一六六二（寛文《かんぶん》二）年の寛文地震、そして一八三〇（文政《ぶんせい》一三）年の文政京都地震の京都三大地震の他にも合計十数回を記録している。明治以降の大地震は一八九一（明治二四）年の濃尾《のうび》地震を除いて少ないことと比較すると、かなりの頻度といえよう。

　慶長伏見地震は、豊臣秀吉が築城した伏見城完成の二年後に発生した。城の天守閣が倒壊し、城内からは五〇〇人余りの死者を出している。東山西縁や嵯峨野《さがの》周辺をはじめ、京都盆地の中央部に大きな被害が生じており、近畿地方内陸部では過去一二〇〇年間で最大規模となる地震であった。

　寛文地震では、琵琶湖西岸を中心に大きな被害が発生した。京都でも町家《まちや》約一〇〇〇棟が倒壊、死者二〇〇人余りを記録している。被害は東山西麓を下鴨《しもがも》から七条付近にまで大きく及んでおり、向島《むかいじま》では宇治川《うじがわ》堤防が五五〇メートルにわたって決壊した。

地震はお蔭参りを怠った罰との風説が流布

　文政京都地震は亀岡北東部に震源が推定される。御所《ごしょ》では築地がことごとく倒れ、外から丸見えとなったために幕で覆われたという。二条城《にじょうじょう》も高麗門《こうらいもん》、太鼓櫓《たいこやぐら》をはじめ、天守台の石垣などが大破した。また東本願《ひがしほんがん》寺《じ》、西本願寺、北野神社などの神社仏閣にも大きな被害が生じ、洛外では愛宕山《あたごやま》の宿坊が大破して谷底に崩れ落ちている。洛中洛外の死者は七〇〇人余り、土蔵の被害は約二万を数え、伏見街道は京橋あたりまで多くの民家の倒壊がみられた。地盤が緩んだ東山では大雨で音羽川が決壊し、鴨川も溢水して三条大橋の破損を免れえなかった。

　文政京都地震が起きた年、朝廷では改元の儀式が行われ、文政の年号が天保《てんぽう》と改められた。改元の詔書にも「京師変を告ぐ、地震軽きに非ず、宮闈弥々危懼を懐き、上下益々驚愕を加う」とあるように、これは大地震による改元であった。また、天保という年号は尚書の「欽んで天道を崇め、永く天命を保つ」の文言から採用したものである。

　ところで、この文政京都地震では、こんな風説が流された。

「京都は吝嗇《りんしょく》にして、お蔭参《かげまい》りに施行も少なかりしかば、右の如く大地震あり、こは神の罰なるべし」（浮世の有様）

　お蔭参りとは、伊勢神宮《いせじんぐう》への集団的な巡礼のことである。当時、畿内を含む西日本で熱狂的に流行した。京都でも拡がりをみせたが、他の地域ほど熱心ではなかったのか、あるいは遅れて流行がやって来たのか、おかげまいりをしなかったために地震に見舞われたと、庶民の間で揶揄《やゆ》されたのだった。

京都市の活断層図

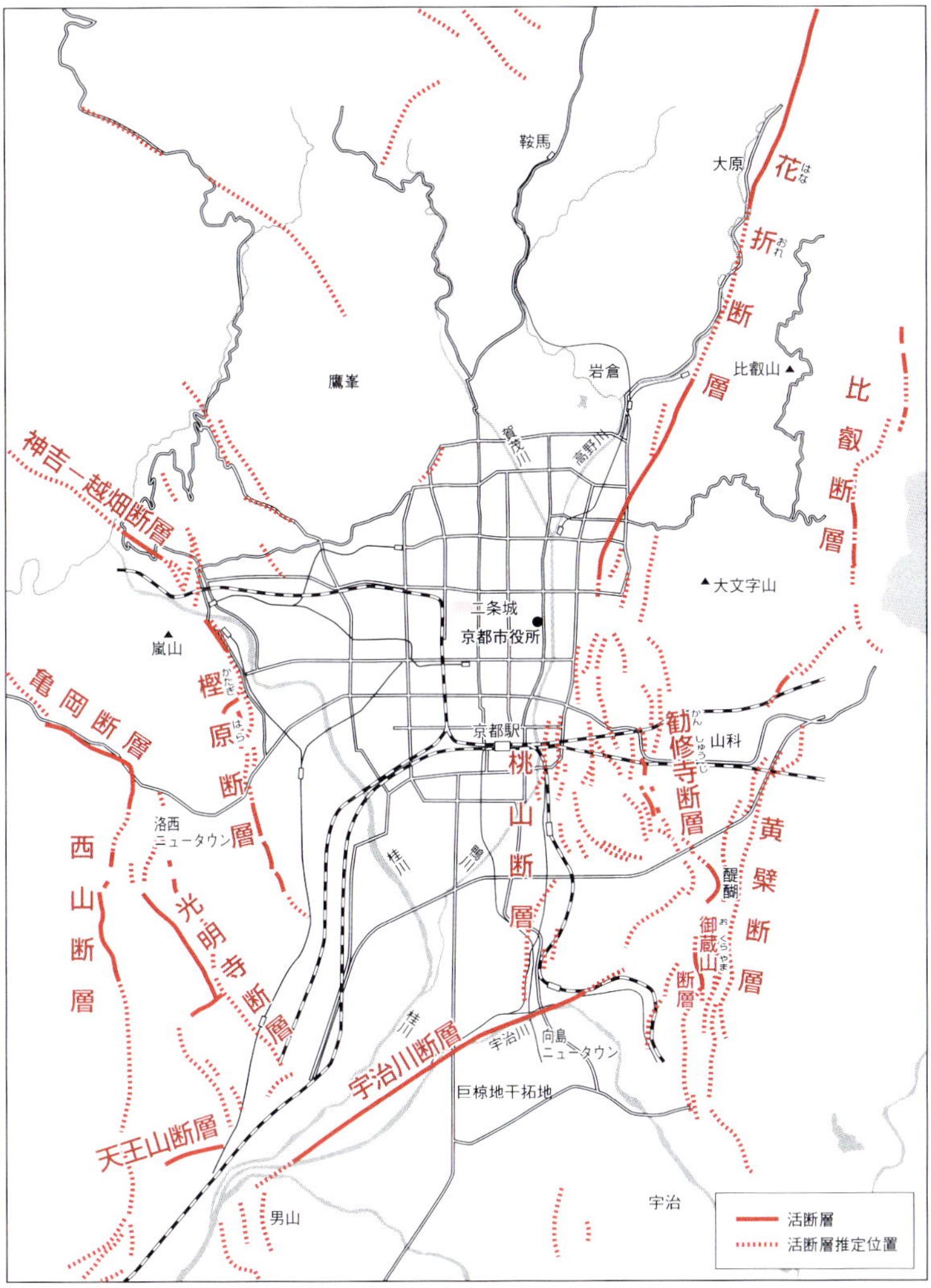

京都盆地は断層の動きでできた地形といわれる。盆地のまわりには、花折断層や樫原断層などの活断層が走っている。何万年、何十万年という長い間に、これらの活断層が動いて大きな地震が起こるたびに、少しずつ山が持ち上がり、盆地側が下がって、現在の形となった。

（資料提供 京都市消防局防災対策室）

京都を襲った地震

西暦（和暦）	地域（名称）	マグニチュード	京都での主な被害
827.8.11（天長4）	京都	6.5～7	官舎・家屋全壊多数。
887.8.26（仁和3）	五畿・七道	8～8.5	京都でも官舎・家屋倒壊多く、圧死者多数。
938.5.22（天慶元）	京都・紀伊	7	宮中で死者4、官舎・家屋・堂塔倒壊多数。
976.7.22（貞元元）	山城・近江	6.7以上	京都で官舎・家屋・仏寺の倒壊多く、死者50以上。
1096.12.17（永長元）	畿内・東海道	8～8.5	京都では大極殿小破、諸寺に被害。（津波被害大）
1099. 2.22（康和元）	南海道・畿内	8～8.3	（土佐で田千余町みな海に沈むなど津波被害大）
1185. 8.13（文治元）	近江・山城・大和	7.4	京都、特に白川辺で被害大。死者・家屋等倒壊多数
1317. 2.24（文保元）	京都	6.5～7	白川辺の住家ことごとく全壊、死者5。諸寺に被害。
1361. 8.3（正平16）	畿内・土佐・阿波	8.3～8.5	諸寺諸堂に被害。（摂津、阿波、土佐に津波被害大）
1498. 9.20（明応7）	東海道全般	8.2～8.4	（紀伊から房総に津波被害大）
1596. 9. 5（慶長元）	畿内（慶長伏見地震）	7.5	三条から伏見の間で被害が最も大きく、死者・家屋・諸寺倒壊多数。伏見城では天守大破し、圧死者500。
1605. 2. 3（慶長9）	東海・南海・西海諸道（慶長地震）	7.9	（津波が犬吠埼から九州までの太平洋側に来襲して被害大）
1662. 6.16（寛文2）	山城・大和・河内・和泉・摂津・丹後・若狭・近江・美濃・伊勢・駿河・三河・信濃	7.3～7.6	比良岳付近の被害甚大で、京都でも死者200余り、家屋倒壊1000。
1707.10.28（宝永元）	五畿・七道（宝永地震）	8.4	我が国最大級の地震の一つ、全体で少なくとも死者2万。近畿内陸でも被害大。京都では小被害。
1830. 8.19（天保元）	京都および隣国	6.5	京都・亀岡で被害大。京都で死者280、負傷者1300。
1854.12.24（安政元）	畿内・東海・東山・北陸・南海・山陰・山陽道（安政南海地震）	8.4	被害地域は中部から九州におよび、津波被害が著しい。全体で死者数千。京都では諸寺に被害生じて、全壊家屋あり。
1946.12.21（昭和21）	南海道沖（南海地震）	8.0	中部以西の各地に被害。静岡県から九州に津波。全体で死者1330。京都の被害は小。
1952.7.18（昭和27）	（吉野地震）	6.8	京都では、死者1、負傷者20、住家全壊2。
1995. 1.17（平成7）	（平成7年兵庫県南部地震）	7.2	京都では、負傷者30、住家全焼1。

南海・東南海地震　京都市周辺の活断層による地震　他地域の活断層による地震

琵琶湖疏水

膨大な費用を要した大計画、京都衰退からの脱却

京都復興を目的とした長年の夢だった計画

明治時代初期、京都は産業の近代化をめざしたが、それは決して順調とは言い難い歩みだった。主に臨海部に発達し始めた近代産業に関して、京都は原料に乏しく、また当時のエネルギー源だった石炭の産地からも離れており、輸送しようにも内陸都市ゆえに不利な地理的条件を強いられていた。

そこで、この問題を打破しようと、長年の夢でもあった琵琶湖疏水《びわこそすい》計画を実施するに至った。琵琶湖と京都を疏水（人工水路）で結び、さらに淀川で大阪と結び、輸送の不備の克服を図る、いわゆる京都復興を目的とした「京都策」の第二期におけるものだった。

疏水計画は一八八五（明治一八）年、当時の北垣国道《きたがきくにみち》知事により、工部大学（現在の東京大学工学部）を卒業したばかりの田邉朔郎《たなべさくろう》を抜擢し、いよいよ行われた。計画においては次のような目的が明確化された。

・水車動力利用による工業の振興化
・琵琶湖から大阪湾への運輸開拓
・洛北一帯の田畑の灌漑《かんがい》化
・水車動力による精米
・市街水路に疏水の水を引き、防火強化
・市民の飲料水確保
・河川の浄化

そして、この計画は、東京遷都による京都の都市としての衰退からの脱却を試みると同時に、工業都市としての京都再生を賭けたものでもあった。

疏水完成、日本最初の事業用の水力発電所を建設

一八九〇（明治二三）年四月、琵琶湖疏水は竣工式《しゅんこうしき》を迎えた。第一疏水の完成だ。当初の構想からの大きな変化は、工業用動力について水車方式から水力発電方式に転換したことだ。一八八八（明治二一）年、アメリカ合衆国コロラド州アスペンでの水力発電成功の情報が京都にも伝わり、京都府は田邉および疏水事務所常務委員であった高木文平《たかぎぶんぺい》をアスペンへ派遣し、視察させた。その結果、京都でも水力発電の導入を決定し、蹴上《りあげ》に事業用としては日本最初となる水力発電所を建設する運びとなった。

琵琶湖疏水は滋賀県大津市の取水口からトンネルをくぐり抜け、京都市山科区の第一、第二トンネルを抜けて蹴上に繋がる。琵琶湖からの船は蹴上で陸揚げされ、インクラインと呼ばれた傾斜鉄道により、台車に乗せて再び蹴上から南禅寺《なんぜんじ》船溜《ふなだまり》まで約五八二メートルの距離を運ばれた。

当時、日本の国家予算総額は約七〇〇〇万円、琵琶湖疏水は最終的には工事費用一二五万円に達している。社会資本整備を背景とした大プロジェクトだったことが窺える。その後、京都には明治二〇年代になり、京都商工銀行、京都電灯会社、京都鉄道など、京都に本社を置く諸会社が相次いで誕生している。

さらに一九一二（明治四五）年には、京都三大事業の一つとして、上水道整備および電力供給を主な目的とした琵琶湖第二疏水の完成を実現させている。古都京都は、近代化の面でも大いに活躍したのである。

琵琶湖疏水のルート図

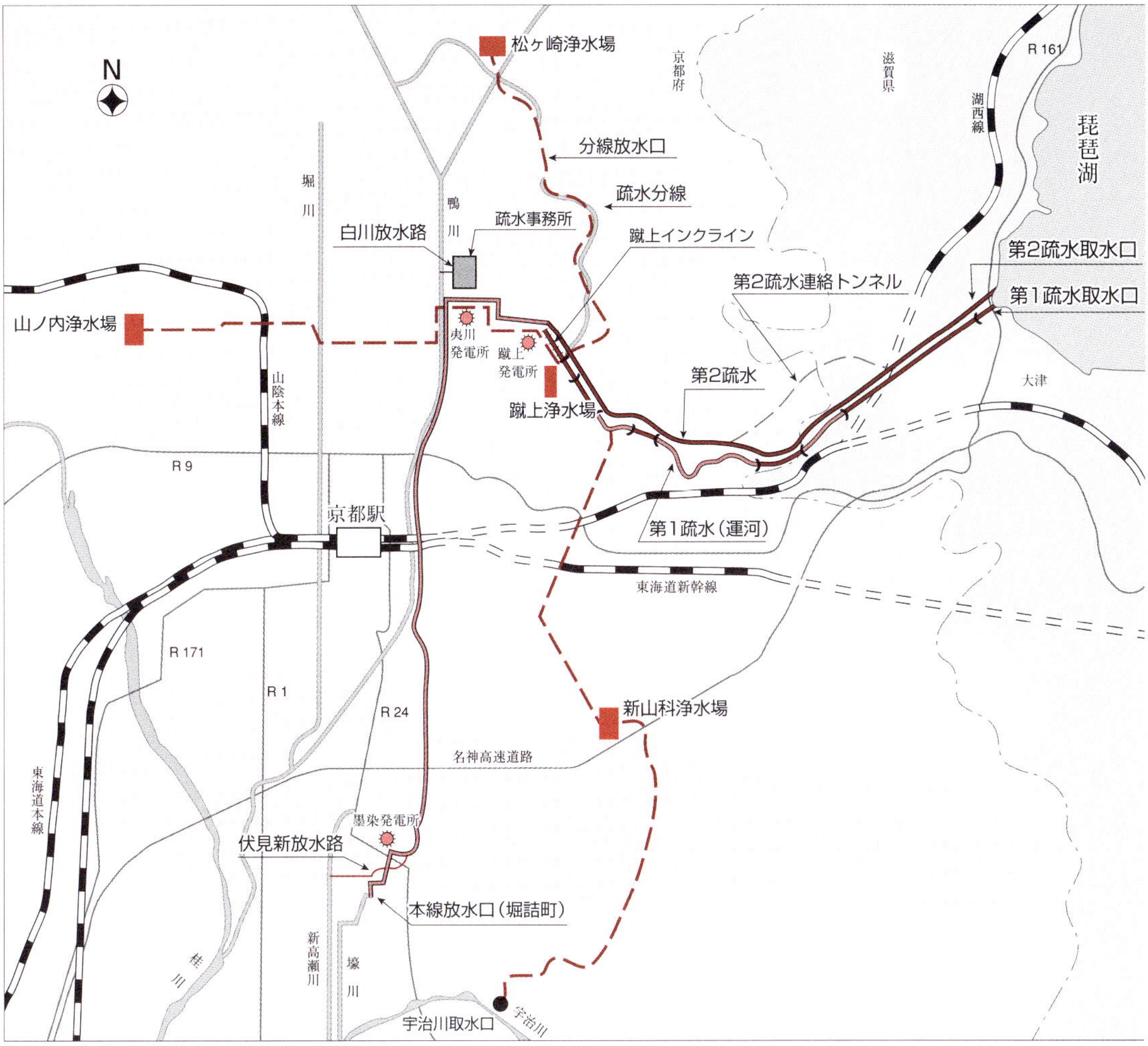

南禅寺水路閣（右）と第2期蹴上発電所（左）
（写真提供　京都市水道局）

全国の小京都

なぜ人々は京都を再現しようとしたのか

貴族が望郷の念で京都の文化を模倣

日本には自称も含めて一〇〇以上の「小京都《しょうきょうと》」と呼ばれる都市があるのをご存知だろうか。中世末期の動乱の中で、様々な形で京都への関心が高まり、各地に京都の山紫水明《さんしすいめい》の景観を模倣した小京都がつくられるようになった。

それまでの地名を東山《ひがしやま》や鴨川《かもがわ》など、京都の地名に変え、新たに京都の神社を勧請《かんじょう》するなどして、京都の文化を受け入れようとした。

小京都はおおまかにいくつかの種類にわけることができる。第一に土佐《とさ》の中村《なかむら》にみられるように、京都での戦乱を避けて地方へ移住した貴族が望郷の思いからつくり上げた小京都が挙げられる。一四六八（応仁《おうにん》二）年、先の関白である一条兼良《いちじょうかねよし》の長子、太閤・教房《のりふさ》らは領地の土佐幡多荘《はたのしょう》に移り住むと、そのまま京の都には帰らず大名となった。中村は三方が山に囲まれた京都に似た地形をしており、後川《うしろがわ》は京都の鴨川に見立てられ、上流には鴨川の地名がつけられたばかりでなく、居住区も京の左京、右京を真似て佐岡《さおか》と右山《うやま》とに分けられた。また天神《てんじん》、貴船《きぶね》、祇園《ぎおん》を始め京都の多くの神社の分霊が移し祀られ、大文字《だいもんじ》の送り火の行事も催された。

第二に、周防《すおう》の山口や越前一乗谷《いちじょうだに》に代表されるように、京都へ上洛し、天下統一をめざした戦国武将がやはり京都を模倣し、町づくりを始めた小京都がある。大内弘世《おおうちひろよ》は「山口に祇園・清水《せいすい》・愛宕《あたご》寺を建立し、統べて帝都の模様を遷す」とした。越前一乗谷では背後の山頂に城郭を築き、ふもと周辺に家臣を強制的に住まわせ、城下町をつくろうとした。

高度成長期、観光振興を目的に小京都誕生

いずれのタイプの小京都も京都への憧れがその根底にあるが、滋賀の長浜や大津《おおつ》、岐阜の高山などの小京都は、戦乱の京都を復興させた町衆の京都を再現しようとしたものだった。町家の景観をまね、さらに祇園祭の山鉾《やまほこ》を見本とした祭りの山車《だし》をつくり、曳山《ひきやま》祭や大津祭などを行っている。

他にも京都の伝統的な文化を取り入れようと、全国各地に計画的に配置された城下町の中から小京都と呼ばれる町が生まれている。それらの城下町でも、各地域の新しい文化を生み出す際、京都の伝統的な文化を積極的に取り入れようとした背景を持つ。

第二次世界大戦後、高度成長期に入った頃には、経済発展とともに旅行ブームに乗るような形で、日本各地にさらに多くの「小京都」が生まれるようになった。一九七〇年代後半には「小京都連合」といった組織が生まれ、一九八五（昭和六〇）年には二六都市の参加を得て第一回全国京都会議が開かれている。

この全国京都会議への加盟基準は、京都に似た自然景観や町並みを持つこと、京都と歴史的な繋がりを持つこと、伝統的芸能もしくは伝統的な産業を持つこと、それらのうち最低一つの条件を満たすことが求められている。

中世末期の頃に誕生した小京都の概念とはやや異り、観光振興を主な目的としたものといえよう。

全国の小京都

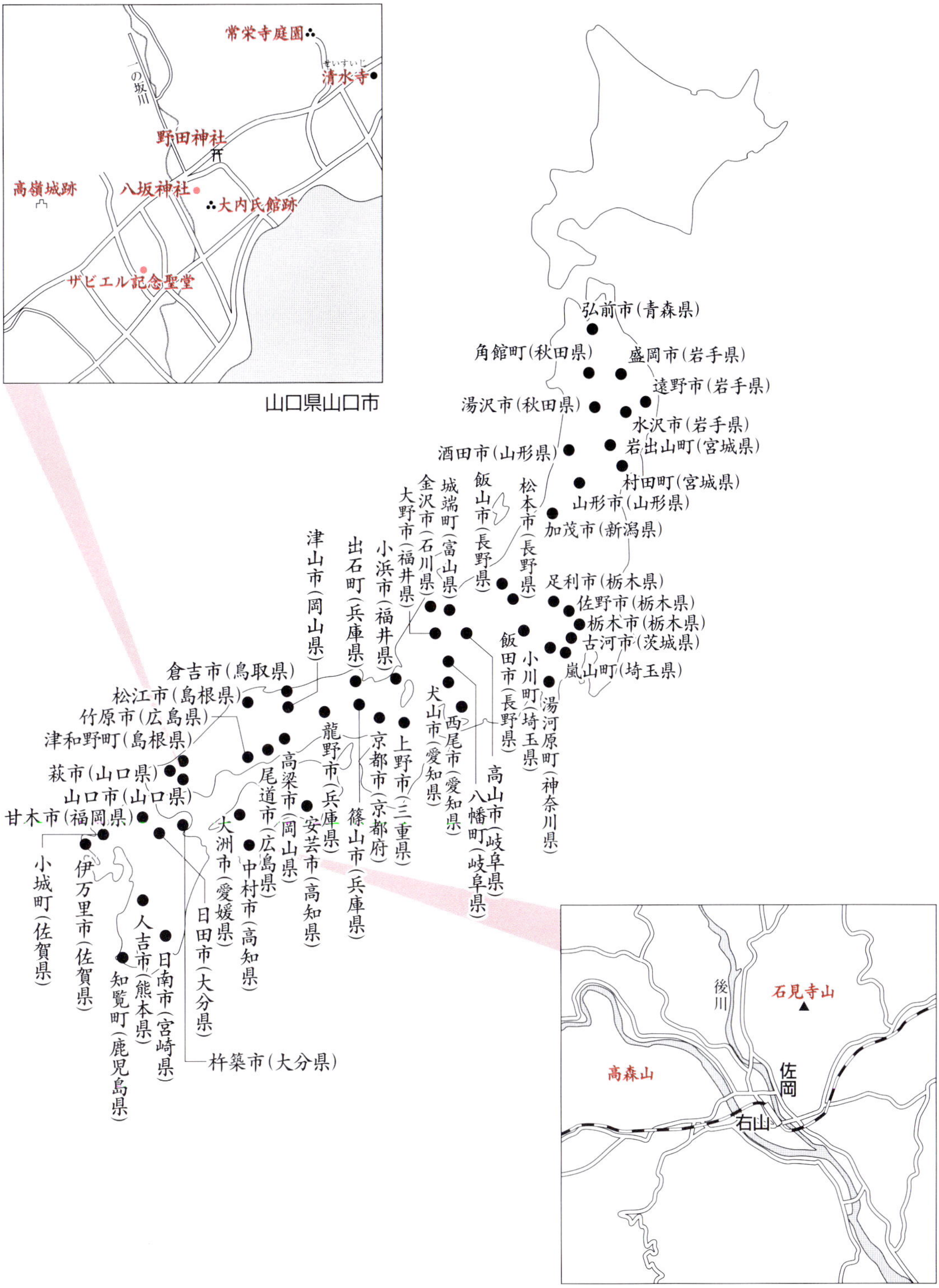
常栄寺庭園
清水寺《せいすいじ》
一の坂川
野田神社
高嶺城跡
八坂神社
大内氏館跡
ザビエル記念聖堂
山口県山口市
弘前市(青森県)
角館町(秋田県)
盛岡市(岩手県)
遠野市(岩手県)
湯沢市(秋田県)
水沢市(岩手県)
岩出山町(宮城県)
酒田市(山形県)
村田町(宮城県)
山形市(山形県)
加茂市(新潟県)
松本市(長野県)
飯山市(長野県)
城端町(富山県)
金沢市(石川県)
大野市(福井県)
小浜市(福井県)
出石町(兵庫県)
津山市(岡山県)
足利市(栃木県)
佐野市(栃木県)
栃木市(栃木県)
古河市(茨城県)
嵐山町(埼玉県)
飯田市(長野県)
小川町(埼玉県)
湯河原町(神奈川県)
犬山市(愛知県)
西尾市(愛知県)
高山市(岐阜県)
八幡町(岐阜県)
上野市(三重県)
京都市(京都府)
篠山市(兵庫県)
龍野市(兵庫県)
安芸市(高知県)
高梁市(岡山県)
尾道市(広島県)
中村市(高知県)
大洲市(愛媛県)
倉吉市(鳥取県)
松江市(島根県)
竹原市(広島県)
津和野町(島根県)
萩市(山口県)
山口市(山口県)
甘木市(福岡県)
小城町(佐賀県)
伊万里市(佐賀県)
人吉市(熊本県)
日南市(宮崎県)
知覧町(鹿児島県)
日田市(大分県)
杵築市(大分県)
後川
石見寺山
高森山
佐岡
右山

高知県中村市

京都市の発展

大京都形成とともに市域拡大、人口も増加

京都府へ改称、近代都市化を突き進む

一八六八（慶応《けいおう》四）年一月三日、京都進入を企てた幕府軍と、それを阻止しようとした新政府軍との衝突「鳥羽《とば》・伏見《ふしみ》の戦い」が起きた。この戦いで敗退した幕府軍は大坂へ逃げ、京都からは幕府勢力が一掃されることになる。そして、京都では明治新政府のもとで、同閏四月には京都府（ほぼ京都盆地の範囲のみ）ができ、地方行政機関として体制づくりが始まった。一八七六（明治九）年に、京都府は現在の範囲まで拡大された。

最初の府知事には公卿《くぎょう》の長谷信篤《ながたにのぶあつ》が任命され、七月には京都府職制が制定された。役所に市政局と郡政局を置き、市政局は山城《やましろ》一国の訴訟検断、社寺の統括、警察などの諸政を担い、郡政局は租税収納、公共施設や河川などの管理を担当する、まさに近代京都府行政の出発といえるものだ。

一八八九年の市制施行に伴い京都は当時の京都府上・下京区（現在の区とは違う）から、京都府京都市上・下京区となった。

さて、明治初期、都市としての京都の人口は二三万人だった。一八八九（明治二二）年に全国的に市制が施かれ、京都市が誕生したが、当時の人口は二八万人、琵琶湖疏水《びわこそすい》が完成した一八九〇（明治二三）年頃には約三〇万人に増加した。さらに一九〇七（明治四〇）年には四〇万人を超え、三大事業（第二琵琶湖疏水・上水道建設・道路拡築および市電敷設）が実施された大正期になると、五〇～七〇万人へと急速に増えている。

その後、京都では、周辺町村の編入合併も積極的に進められた。これは第一期の拡大時期といえる。

大京都誕生、京都策を三期にわたって実施

第二期の一九一八（大正七）年には、京都市域はさらに大きく拡大し、隣接する一六の町村を含めたこの頃、第一次世界大戦による景気が工業の発展をもたらし、市周辺では人口も増加した。第三期の一九三一（昭和六）年には、それまで地方財政上の特例である三部経済制度への不安などから編入に反対であった三万三〇〇〇人余の人口を持つ伏見市も、三部経済制度廃止に伴い京都市への編入が施行された。新たに二六か町村が編入され、市域は一気に四・八倍に広がった。

第四期は第二次大戦後における編入だ。幹線道路を通して京都と古くから関わりを持っていた市北部の葛野《かどの》郡、愛宕《あたご》郡や、また農業中心地であったが、将来的には工場地帯としての発展が期待された市南西部の乙訓《おとくに》郡、久世《くぜ》郡などが編入された。

ところで「京都策」なるものがある。明治以降、大都市形成に合わせ、京都が三期にわたって実施した近代都市化事業計画だ。第一期は一八六八（明治元）年から一八八一（明治一四）年、政治経済から学校制度に至るまで幅広い分野での大改革が行われた。第二期は琵琶湖疏水を中心事業とした一八九五（明治二八）年まで、以後一九一二（大正初）年までの第三期には、三大事業が「京都市百年の大計」として位置し、実施された。

京都府の成立過程

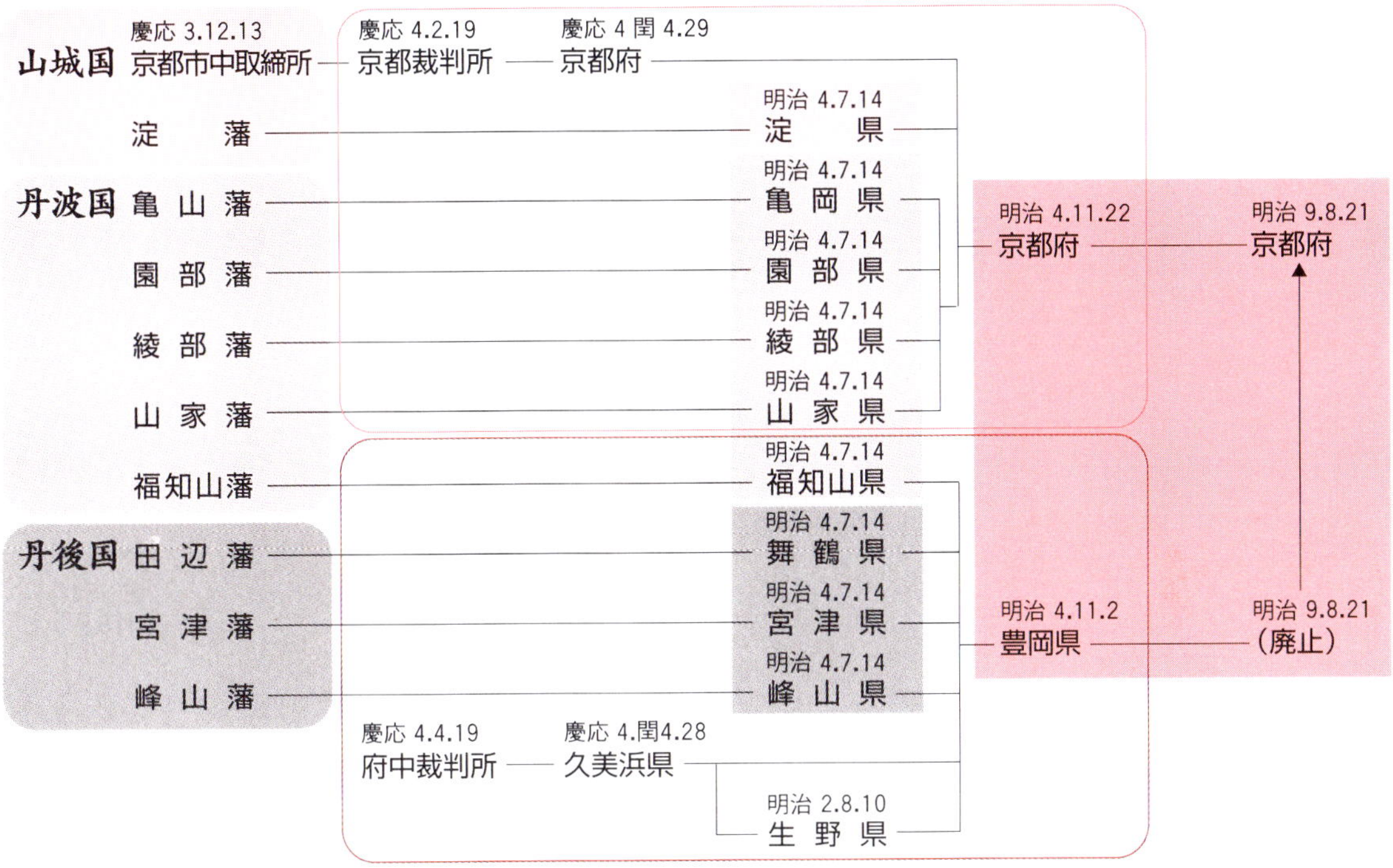

京都市域の拡大

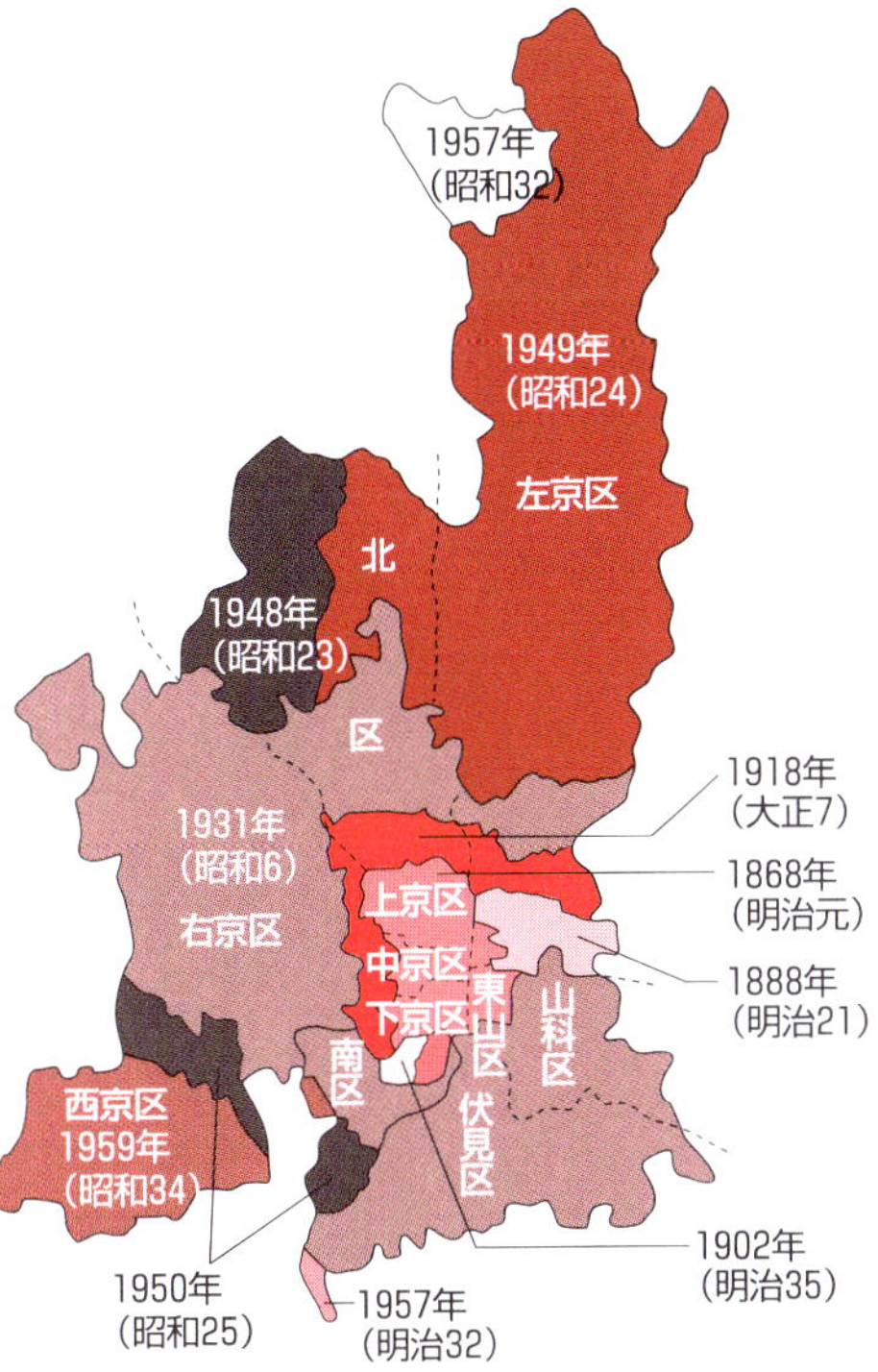

京都は1929（昭和4）年、上京・下京・中京・左京・東山の5区となり、1931（昭和6）年には伏見市などを編入して伏見区・右京区が設けられ、第2次世界大戦後には北方にある丹波高地や南西方の町村を合わせ、1959（昭和34）年に現在の市域が誕生した。なお、1955（昭和30）年には上京と下京が分区されて北区と南区が生まれ、1976（昭和51）年に東山区から山科区、右京区から西京区がわかれたことにより、合わせて11行政区となった。

映画の街『東洋のハリウッド』

日本映画発祥の地の栄枯盛衰

四条河原にて日本最初の映画試写

京都は映画産業と深い関わりを持っている。一八八九（明治二二）年、アメリカのエジソンによってキネトスコープ（一台一人で観る映画）が発明され、フランスのリュミエール兄弟によってシネマトグラフ（スクリーンで多数が観る映画）に発展した。日本では活動写真と呼ばれ、最初に輸入したのは京都の稲《いな》畑勝太郎《はたかつたろう》だった。

稲畑は一八九六（明治二九）年、京都モスリン紡績会社の監査役としてフランスにわたった際、かつて京都に留学生として滞在し、稲畑と同級生だったオウギュスト・リュミエールと再会したのをきっかけにシネマトグラフに興味を持ち、映写機二台を購入して日本へ帰国している。初めての試写は四条河原で行われたが、どうやら成功したとは言い難かったようだ。それでも四条河原が日本映画発祥の地となったことに間違いはない。最初の興行が行われたのは一八九七（明治三〇）年、まず大阪の南地演舞場で上映され、続いて京都新京極《しんきょうごく》の東向座でも公開された。

その後、稲畑はフランス留学時代の友人の弟である横田永之助《よこたえいのすけ》に映画興行の権利を譲った。横田は一九〇〇（明治三三）年、パリ博覧会に京都府より派遣され、新しい映写機とフィルムを購入して帰国した。以後、映画産業「横田商会」を立ち上げ、各地で巡回興行を行い、その名を広く知らしめたのである。

撮影所が集中、京都は「東洋のハリウッド」

空前の映画ブームが日露戦争とともに訪れた。従軍カメラマンによるフィルムが戦勝気分を煽《あお》ったのだ。これが常設映画館をつくるきっかけとなり、京都でも一九〇八（明治四一）年頃から相次いで常設館が建てられた。

横田は西陣千本座の経営者であり、後に「日本映画の父」と呼ばれるようになった牧野省《まきのしょう》三《ぞう》に声をかけ、東京の新派に対抗してチャンバラ中心の旧劇の映画制作を次々と行った。一九一〇（明治四三）年には二条城《にじょうじょう》南西に京都最初の映画撮影所をつくっている。

一九二三（大正一二）年、関東大震災が起こると、被災した東京の撮影所が京都へ場所を移してきた。大正末には日活《にっかつ》（後の大映《だいえい》）、マキノ、東亜《とうあ》、阪妻《ばんつま》、松竹《しょうちく》の撮影所が京都に集まるようになり、京都は「東洋のハリウッド」として映画制作の一大中心地となる。

その後、撮影所は右京区太秦《うずまさ》に集中するようになり、第二次世界大戦後もいち早い復興を遂げた。しかし、時代はテレビ普及を迎えるとともに、日本映画は一九六〇年頃から斜陽化を余儀なくされる。一九六五（昭和四〇）年松竹閉鎖、七一（昭和四六）年大映倒産と続き、東映は撮影所の一部を東映太秦映画村としてテーマパーク化することにした。

また、京都の映画館数や入場者数も映画産業の盛衰と比例する。一九一六（大正五）年に八館、四〇（昭和一五）年には五〇館に達し、五八（昭和三三）年には七二館、二〇〇〇万人の入場者を数えたが、七〇（昭和四五）年には四〇館、入場者数五〇〇万人と一気に落ち込んでいった。

京都市内の映画撮影所

（※昭和43年に調査した資料をもとに作成）

太秦付近

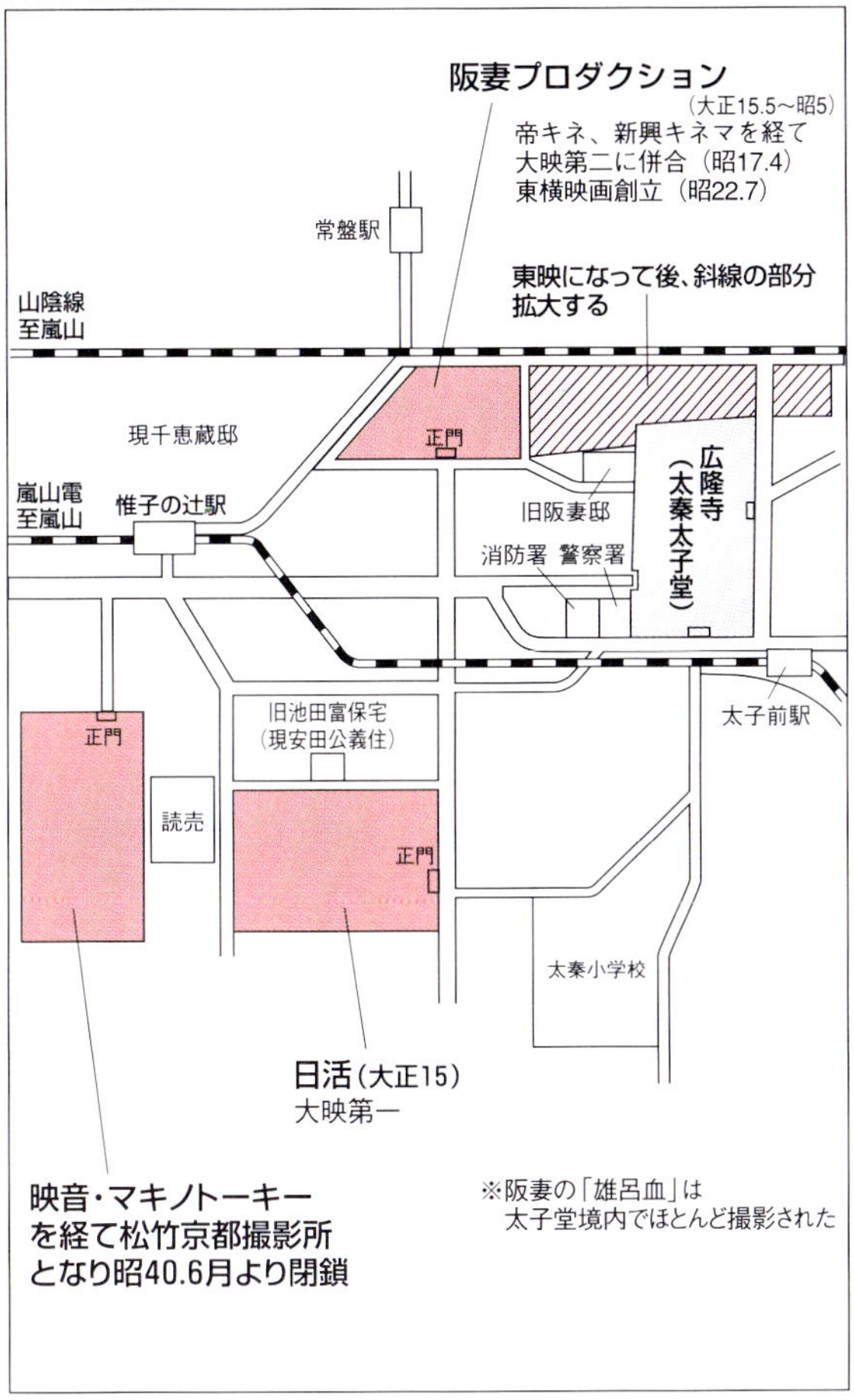

御室付近

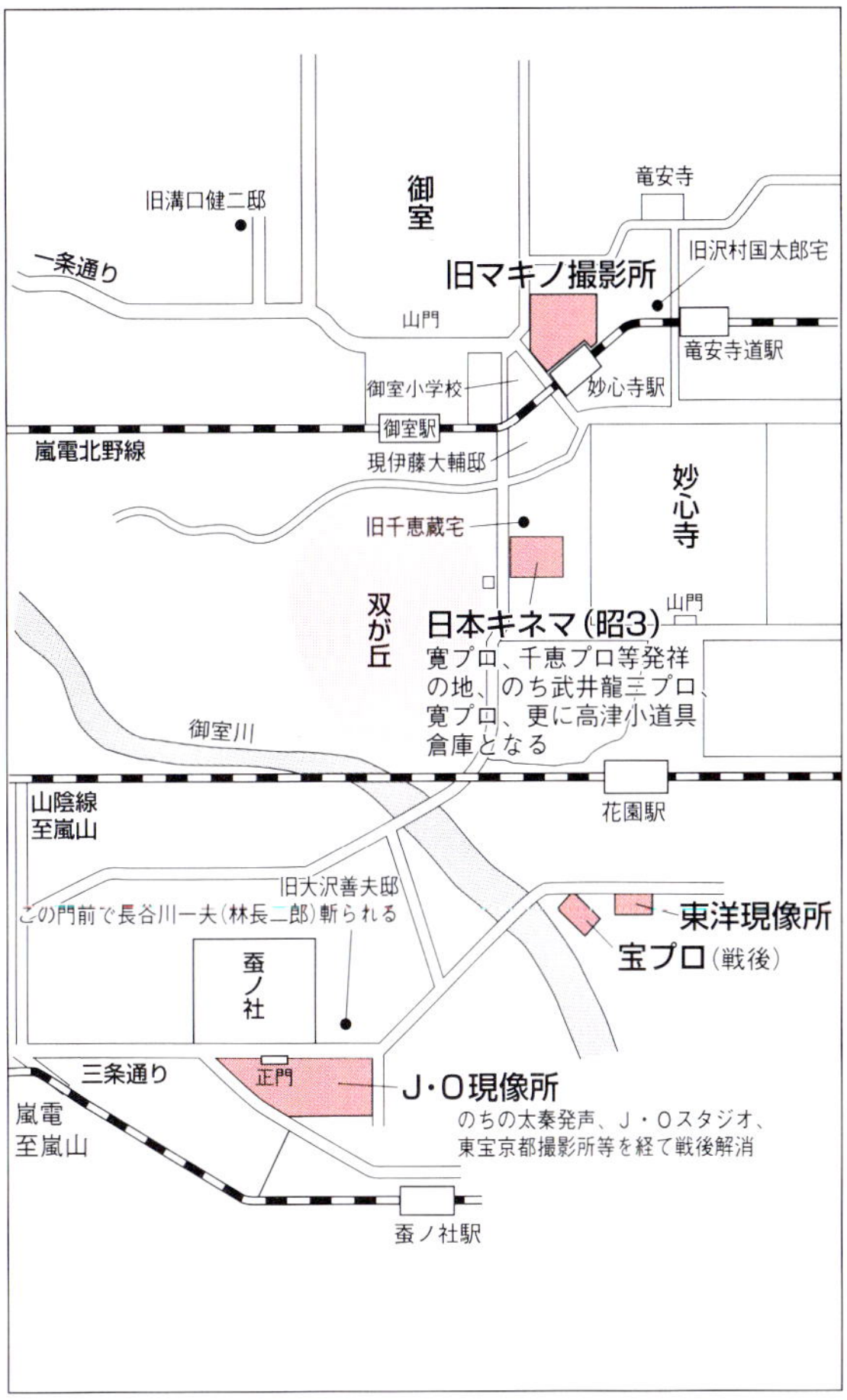

阪妻プロダクション太秦撮影所。大正15年9月、阪妻立花ユニバーサル連合が結成されたが、わずか10か月で解消した。写真は当時のもので、左から2番目が阪東妻三郎。

※資料・写真提供
東映京都スタジオ映画資料室

J・Oスタジオ（後の東宝京都撮影所）は、昭和8年3月、トーキー用の貸しスタジオとして建設された。昭和16年10月、東宝の製作東京一元化態勢に伴い、撮影所は閉鎖。

路面電車の変遷

京都で最初に走った路面電車

路面電車を走らせる有利な条件が揃っていた

日本で最初に路面電車を走らせたのが京都であることは有名な話だ。一八九五（明治二八）年二月一日、京都電気鉄道が七条停車場から竹田街道を南下させる伏見線を走らせた。東京など大都市でも電気鉄道敷設の特許出願がなされていたが、時期尚早として却下されていた。では、初めての特許を京都が得た背景には何があったのだろうか。

最も大きな理由として、当時、京都ではすでに琵琶湖疏水《びわこそすい》（68ページ）を利用した水力発電所が稼働していたことが挙げられる。また、縦横に整備された京都の道路は電車を走らせるのに好都合であり、観光都市であるがゆえ多くの乗客の需要が見込まれたこと、そして平安遷都千百年を記念して、第四回内国勧業《ないこくかんぎょう》博覧会《はくらんかい》の京都開催が決定したことも路面電車の敷設実現化を強く後押しした。

開業当時は電車の前を「告知人」「先走り」と呼ばれた少年が、電車を通ることを知らせるために走っていた。これは府条例で定められたものだが、電車に轢《ひ》かれるなど事故が相次いだことから数年で廃止されている。

また、発電所より送電される電気の電圧が不安定であり、運転士の技能も未熟であったため、当時は衝突や脱線は珍しいことではなく、琵琶湖疏水改修工事の際には送電が休止され、運行も中止になったという。

八三年の歴史に終止符　市電の完全廃止

一九〇六（明治三九）年、京都市は三大事業に着手、主要道路を拡幅し、そこに市営電車を走らせることが提案された。実際に市電が運行されたのは一九一二（明治四五）年のことだ。だがこの開通は、先の京都電気鉄道と範囲を競合し、京都電気鉄道の経営にも少なからず影響を与えたことは想像に難くない。

その後、市電の路線拡張は積極的に進められ、一九一八（大正七）年、京都市は京都電気鉄道を買収し、市内の電車交通は一元化されることになった。昭和不況に突入してもなお京都市は延長工事を進め、その計画は一九三九（昭和一四）年まで続けられた。

だが、戦後になると、市電の財政は膨大な赤字を記録し、一九四六（昭和二一）年には、北野線が堀川中立売《ほりかわなかだちうり》で堀川に転落するという事故を起こしている。死者一五名、重軽傷者も一四名に達している。

京都においても経済復興がみられるようになったのは、一九四九（昭和二四）年頃からだろうか。市電も経済的に安泰化し、東京と同様に昭和三〇年代には全盛期を迎えた。乗客の増加に伴い路線長は過去最高に達し、車両も一九五九（昭和三四）年には過去最高となる三五七両を数えている。

だが、昭和四〇年代に入り、自動車の普及など、モータリゼーションの波が京都にも押し寄せると、市電は一転、衰退の途をたどり始める。累積赤字も巨額な額に達し、市電は段階的な廃止とともにバス輸送に切り替えられ、そして一九七八（昭和五三）年、八三年の歴史を持った京都市電はついに完全なる廃止を迎えることになった。

京都を走っていた路面電車（昭和35年）

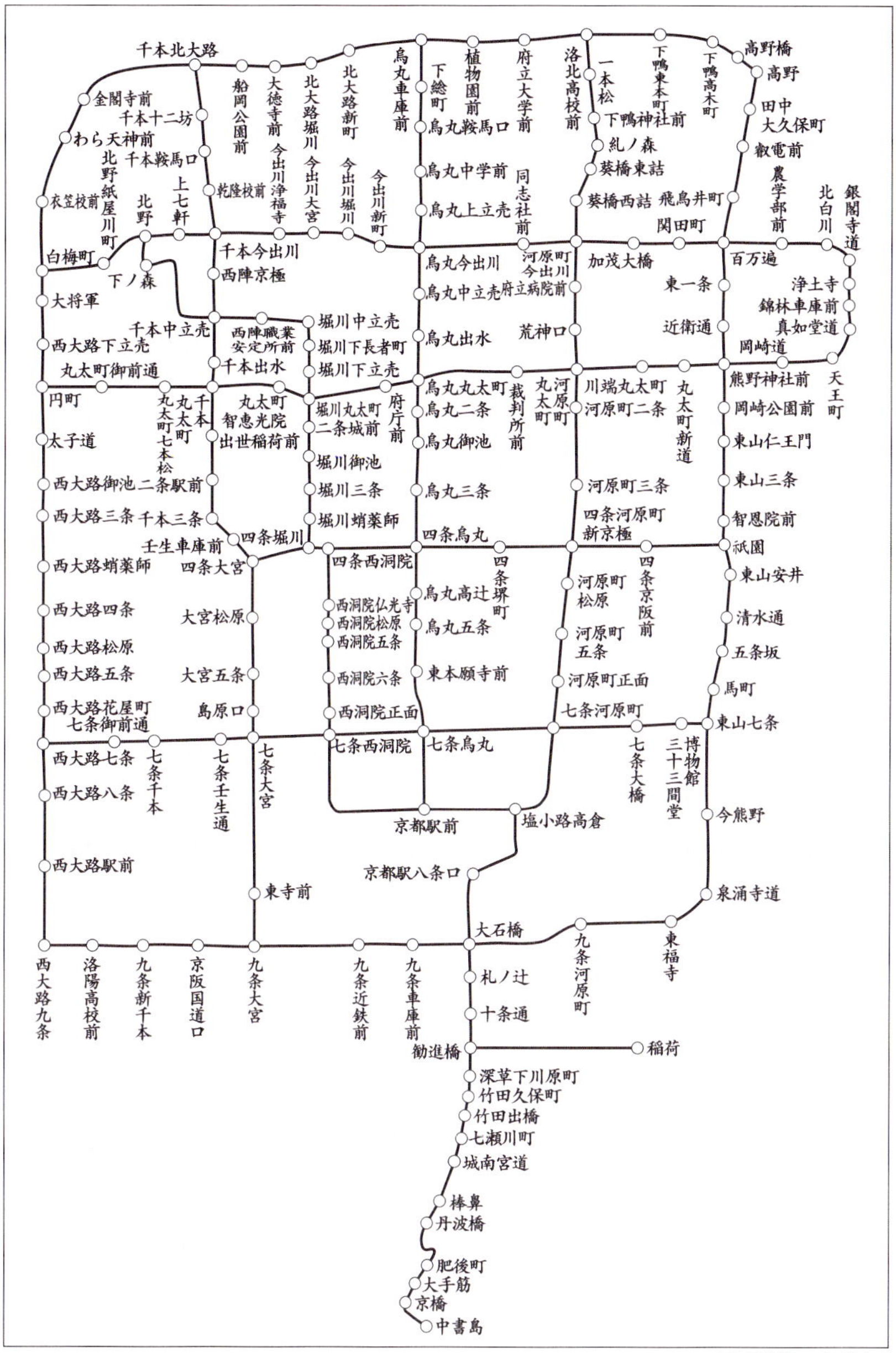

写真提供　京都市交通局

1932（昭和7）年、トロリーバスの開業でにぎわう四条大宮。

1897（明治30）年頃の鴨《おう》東《とう》線。赤旗を持っているのが、「先走り」の少年。

京都における『日本初』

京都にある九つの「日本初」とは何か

全国に先駆け近代小学校開校

京都における「日本初」となる事柄は全部で少なくても九つある。以下、列記してみよう。

・近代小学校開校（一八六九年）
・美術学校設置（一八八〇年）
・水力発電所建設（一八九一年）
・チンチン電車（一八九五年）
・映画上映（一八九七年）
・駅伝競争開催（一九一七年）
・中央卸売市場開業（一九二七年）
・自治体直営のオーケストラ（一九五六年）
・国立国際会議場設置（一九六六年）

ここでは番組制《ばんぐみせい》によってつくられた、番組小学校について検証してみる。京都の町中では室町期から共同体的な町組制度が成り立っていたが、一八六九（明治二）年、町組改正が行われ、上京大組一番組～三三番組、下京大組一番組～三二番組とに区分された（同年、下京大組四番組から新たに三三番組が分離独立し、上京、下京ともに三三番組となる）。いわゆる番組制の成立である。京都府はこの町組改正とともに、市政「御一新《ごいっしん》」の大事業として、小学校の創設を積極的に進めた。「中学校小学校建営趣意」によると「一町組毎に小学校一建設営する。洛中洛外あわせて六十五ヶ所」とされている。実際には三校が統合して一校となったものや、二つの番組の協力校として設立されたものもあるため、六六番組に対して六四校が開校している。その始まりとなったのが一八六九（明治二）年五月に開校した上京第二七番組小学校（現在の柳池《りゅうち》中学校）だ。その後、わずか一年たらずのうちに計六四校が開校しているが、これは国が定めた学制頒布《はんぷ》よりも実に三年も早かった。

経営維持を目的に小学校会社設立

小学校設立の費用は寄付金の他、市中で賄《まかな》うことを原則としたが、京都府は各番組へ平均八〇〇円前後を交付することにした。半分は永久的な交付であり、残りの半分は一〇年間で返済すればよかった。しかし、それでも小学校の経営維持は経済的困難を極めた。そこで設立されたのが、一種の金融会社ともいえる「小学校会社」である。番組の同志の出資金を基立金として預金運用を行い、預金利息および貸付利息の差額が教員の給与やその他の学校経費にあてられた。

まず、下京第一四番組（修徳校《しゅうとく》）において設立され、続いて下京第二番組（明倫校《めいりん》）、下京第四番組（日彰校《にっしょう》。もと階松校）、下京第一二番組（永松校）でも設立の具申《ぐしん》が出され、やがて全市内へと広まった。いずれも具申の「口上書」の文章はほとんど同文であり、利潤の使用法も大差がなかったことから、小学校会社設立には京都府の指導が大きく関与していたことが窺《うかが》える。

なお、この小学校会社は一八八六（明治一九）年頃まで存続した後に解散となり、基立金はそれぞれの学校の基本財産に組み入れられることになった。

番組区域図

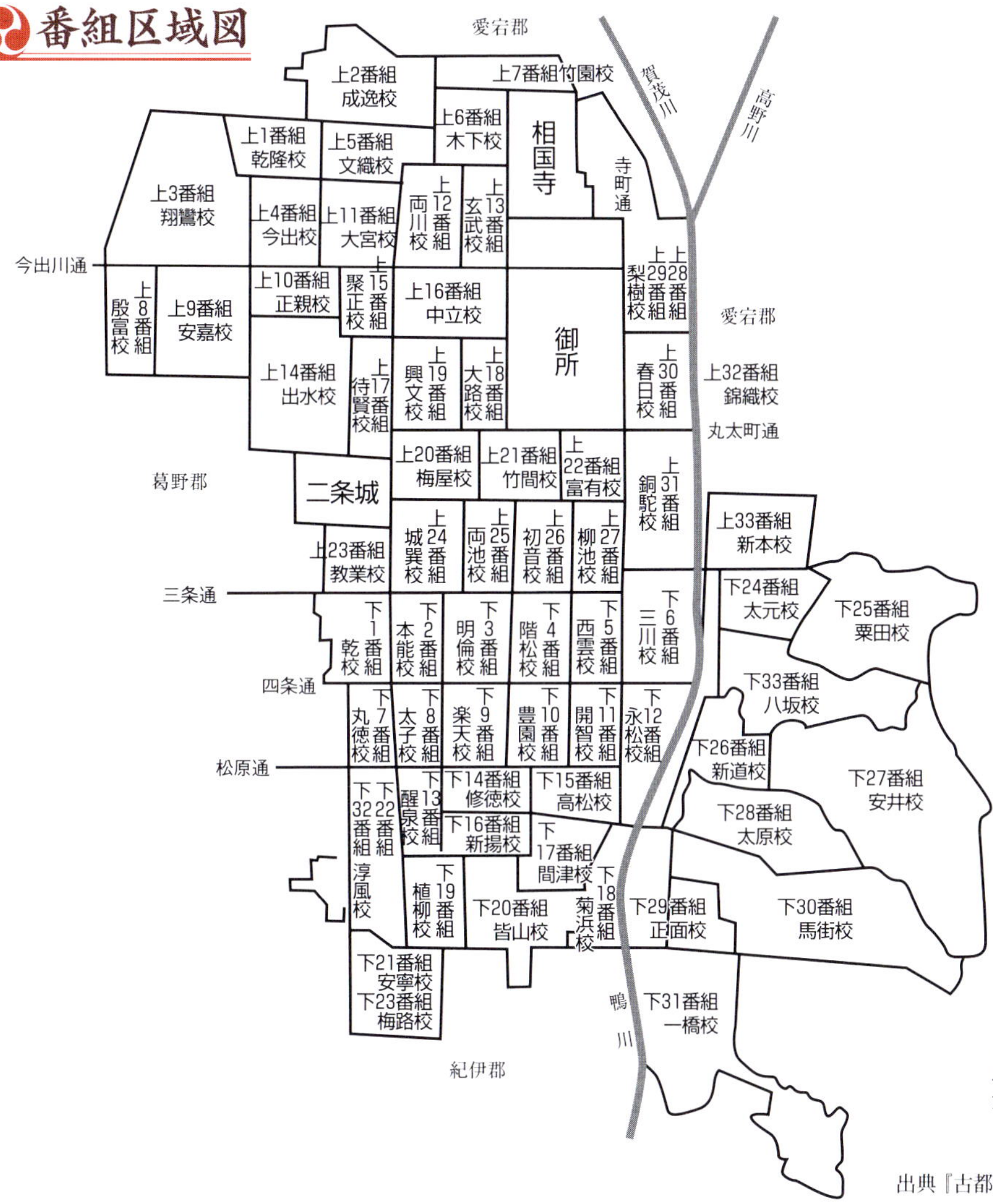

(明治2年12月末日)
上は上京、下は下京を示す。
大杉隆一原図一部加筆

出典『古都　京のまち』山嵜謹哉(大明堂)

小学校就業規定

1. 毎日暁6ッ時(午前6時)より夕7ッ時(午後4時)。その後の修業も勝手次第暑中は昼9ッ時(正午)まで修業。
2. 休日は毎月1日と15日。
3. 毎年正月15日稽古始め、12月20日稽古終り。3月3日、5月5日、6月14日(祇園祭)、7月7日、13日、14日、16日、9月9日、9月22日(天長節)、11月25日、以上　休日。
4. 毎月2と7の日は儒書講釈、3と8の日は心学道話。

出典『京都の歴史7　維新の激動』(學藝書林)

日本有数の『大学の街』

近畿の中でも他府県出身者が突出

京都市民のおよそ11人に一人が学生

多くの大学や短大がある京都は、日本有数の「大学の街」としての一面も持ち、全国から学生を集めている。大学の数では東京に及ばなくとも、市人口に対する学生数は全国一だ。市民の約一一人に一人が学生とのデータ（全国学校総覧一九九六年版）もある。

近代になって、京都における大学創設の走りを担ったのはキリスト教精神を礎とした同志社《どうししゃ》である。アメリカから帰国した新島襄《にいじまじょう》は一八七四（明治七）年、大阪に大学を創設しようとしたところ、知事に協力を拒まれた。

そこで京都府大参事の槇村正直《まきむらまさなお》および京都府顧問の山本覚馬《やまもとかくま》の賛同を得て、翌年、現在の同志社大学の前身となる「官許同志社英学校」が開校された。しかし、学校での聖書教育や神学教育は禁止され、常に監視を受け、教育内容もしばしば干渉された。

一八八六（明治一九）年になると、大学令が発布され、京都に第三高等中学校が大阪から移された。一八九四（明治二七）年には第三高等学校と改称され、いわゆる（旧制）三高が誕生した。

日清《にっしん》戦争後の一八九六（明治二九）年には、日本で二つ目となる帝国大学を京都に設立する法案が通り、一八九七（明治三〇）年、京都帝国大学が設置された。まず理工科大学が置かれ、二年後に法科大学および医科大学が、日露《にちろ》戦争後の一九〇六（明治三九）年には文科大学哲学科が開学されている。この他にも、一九〇〇（明治三三）年の真宗仏教大学（現在の龍谷《りゅうこく》大学）、一九〇七（明治四〇）の真言宗連合京都大学（現在の種智院《しゅちいん》大学）を始め、仏教系の大学が各地に設置された。

京都の町に憧れて入学志願

京都の大学生の出身を調べてみると、同じ関西の大阪や神戸と比較して、近畿圏以外の出身者の割合が多いことがわかる。例えば一九九四年度学校基本調査によると、大阪では近畿圏（大阪府・京都府・兵庫県・滋賀県・奈良県・和歌山県）以外の出身者が二五・七パーセントを占めたのに対し、京都では同じく三六パーセントとなっている。個別の大学でみてみると、一九九〇年度のあるデータでは、東日本から京都大学への入学志願者が二四・九パーセントに対し、大阪大学では七・五パーセントとなっている。私立大学においても同様の傾向であり、京都にある同志社大学では七・九パーセント、立命館《りつめいかん》大学が一〇・七パーセントであるのに対し、大阪府にある関西《かんさい》大学では二パーセント、近畿大学では一・一パーセントにすぎない。

数字においても京都の大学が全国区的であることを証明している。

では、学生はなぜ京都を選ぶか。大学自体の魅力に加え、やはり京都の街に魅力を感じているようだ。大学が京都に集中することにより、この街の経済も大きく発展してきた。

しかし、現在は一八歳人口が減少している問題に直面し、キャンパスを都心部より郊外へ移動する動きも強い。今、「大学の街」京都は岐路に立たされているともいえる。

戦前から残る京都市内の大学

大谷大学
1922(大正11)年4月創立。1665(寛文5)年、東本願寺別邸の渉成園(枳殻邸)に創設された学寮が起源。文学部には親鸞の『教行信証』『歎異抄』など真教の教義を学ぶ真宗学科があり、建学の特色を残す。
立命館大学
1922年6月創立。1900(明治33)年、文部官僚だった中川小十郎が創立した京都法政学校が起源。京都帝国大学の教授らを講師として、法律・経済の2科を設け、夜間学級の形態をとっていた。
同志社大学
1920(大正9)年4月創立。京都市上京区に本部を置くキリスト教主義の私立大学。キリスト教伝道者・教育家の新島襄によって1875(明治8)年に官許同志社英学校として創設されたのがはじまり。
京都大学
京都帝国大学として1897(明治30)年6月に創立。官立総合大学としては東京帝国大学に次いで古い。まず理工科大学が開設し、その後、数学、物理学、純正化学などの科が加わった。
京都府立医科大学
1872(明治5)年11月創立。当時の府知事・槇村正直らが特に療病院設置の必要を痛感し、栗田口青蓮院内に仮療病院を開設し、同時に医学生の教授を同所において行ったのが起源となる。
龍谷大学
1922(大正11)年5月創立。1639(寛永16)年、本願寺派13世の法主良如が末寺の子弟教育機関として創立した学寮が起源。1655(明暦元)年、教義論争を機に幕府の閉鎖命令をうけ「学林」と改称。
上賀茂神社
賀茂川
宝ヶ池公園
高野川
大谷大学
金閣寺(鹿苑寺)
龍安寺
立命館大学
北野天満宮
同志社大学
下鴨神社
京都大学
妙心寺
京都御所
京都府立医科大学
二条城
平安神宮
南禅寺
八坂神社
建仁寺
清水寺
西本願寺
龍谷大学
三十三間堂
東本願寺
京都駅
東寺

参考資料『京都市学区大観』
京都市学区調査会編
(資料提供　京都市学校歴史博物館)

京都の米騒動と市場

二万人規模の暴動に発展、鎮圧に軍隊出動

米価急騰、市内の米屋が次々と襲撃された

一九一四（大正三）年に始まり、四年間続いた第一次世界大戦において、日本は未曾有《みぞう》の好景気を迎えることとなった。しかし、同時に好景気は物価の急騰を招き、民衆の暮らしを直撃した。一九一八（大正七）年八月に起きた、いわゆる米騒動《そうどう》こそがその象徴的な出来事といえる。富山県魚津《うおづ》の漁村を始まりとして全国に拡大した米騒動は、民衆の反発が爆発したことによってもたらされたものだ。

もちろん、京都でも米騒動の嵐は吹き荒れた。八月一〇日、東七条柳原町で暴動が生じた。派出所に押しかけた人が、「この地域では月々施米券が頒布《はんぷ》されていたが、今回こんなに米が暴騰し困っているのに施米券がもらえないのは不思議だ」と言い出したことがきっかけだった。集まった群衆は一度は解散したが、「米屋を襲えば一升《しょう》三〇銭に値下げになる」との声が拡がり、米屋襲撃を蜂起する動きが強まった。そして群衆はついには東七条派出所を襲撃し、さらに米屋が次々と標的にされた。

襲われたのは七条高瀬川下ル米穀商、沼田米店、七条塩小路村井倉庫、八条東洞院渋谷米店、大仏正面派出所前の米店、七条不明門酒井米店などといわれている。膨れ上がった群衆はやがて数千人になり、当時一升五〇銭の米を二〇ないし三〇銭に値下げする貼り紙を出させたという。翌日には鹿ヶ谷《しがたに》、東三条、西三条へも米騒動は拡がり、ついには京都市全域でおよそ二万人規模の暴動となった。

米騒動をきっかけに公設市場を開設

この米騒動は、新聞が煽《あお》った一面も否定できない。ときには新聞法違反に問われるほど扇動的な記事も掲載され、米不足を人為的飢《き》餓《が》と非難した。また「千石以上の米を抱えて売り出さない米屋が京都に四軒ある。その一軒は出町辺り」と、攻撃目標を暗示したこともあった。

その後、米騒動を鎮圧しようと、京都市全域には夜間外出を見合わせるよう命令が出され、京都市は外米の安売りなどを始めたが、それでも効果はなく、騒動は府下各地へと拡がった。そこで鎮圧にあたり、全国で初めて軍隊が出動している。当初、陸軍当局では人民の飢餓に関する問題で出兵することに強い難色が示されたが、騒動の全国化に伴って当局の態度も変化し、出兵を認めるようになった。これ以降に起こった大阪や神戸での米騒動では軍隊の出動が遅れたため、大規模化を阻止できなかったのに対し、京都では騒動を市内周辺および郡部のみに留めたことが高く評価されている。

なお、米騒動直後の一九一八年九月二五日、日本最初の公設市場が大阪に開かれてから約四か月遅れて、京都市でも開設されることになったが、これは米騒動がもたらした社会改良政策の代表的なものといえよう。

やがて、公設市場の設立ほど簡単ではなかったが、京都市は日本で最初の中央卸売《おろしうり》市場開設を実現させ、市民の生活様式に多大な貢献を与えている。

京都で起こった米騒動

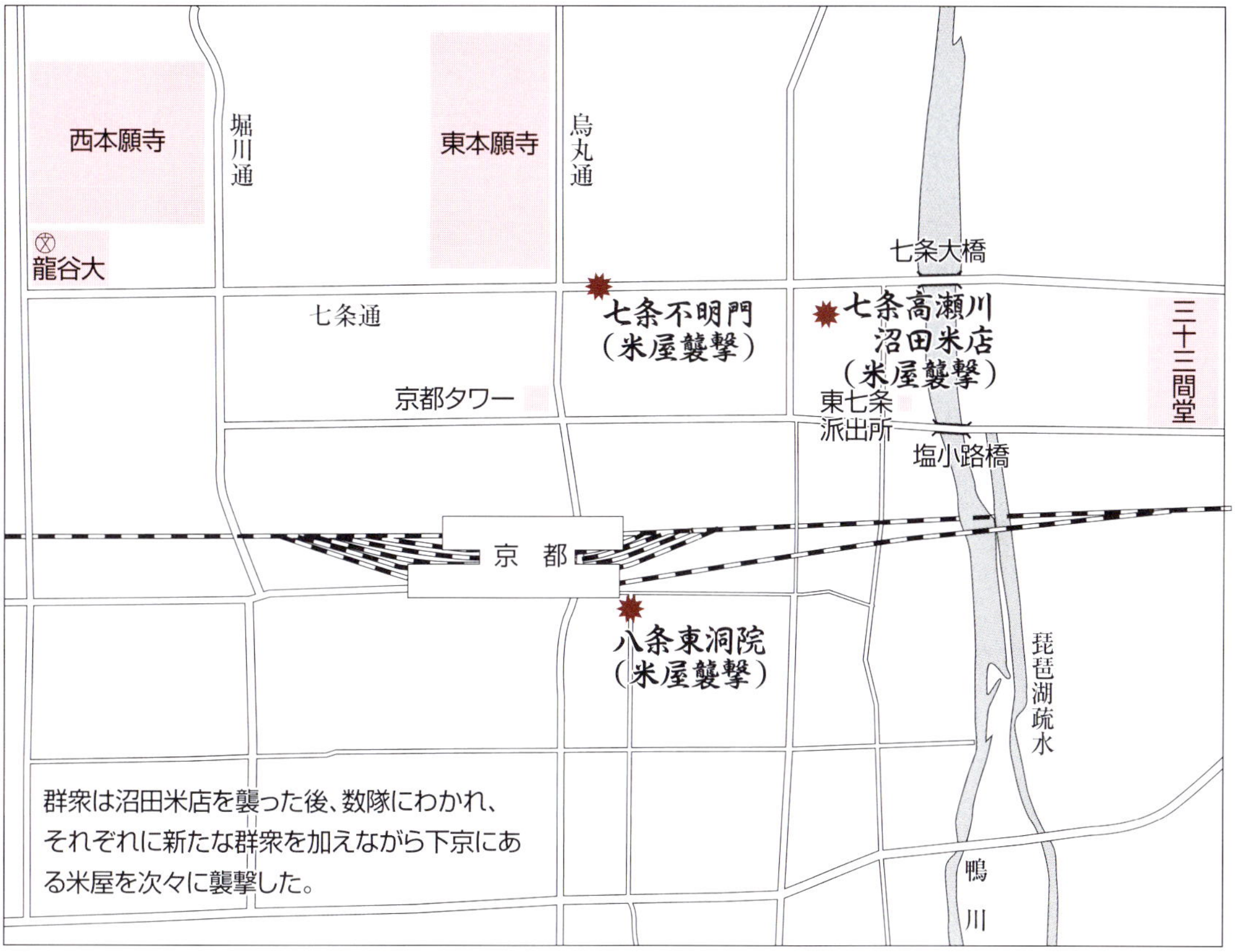

参考資料『京都に強くなる75章』京都高等学校社会化研究会編(クリエイツかもがわ)

米騒動の発生状況

	北海道	青森	岩手	宮城	秋田	山形	福島	茨城	栃木	群馬	埼玉	千葉	東京	神奈川	新潟	富山	石川	福井	山梨	長野	岐阜	静岡	愛知	三重
市				1			2						1	1	2	1	1	1	1	1		2	3	1
町				2			11	1				2		1	1	7	2			1	3	12	12	2
村							3			1	2	1				4		1			5	4	1	7
計				3			16	1		1	2	3	1	2	3	12	3	2	1	2	8	18	16	10
炭鉱	1						1													1		1		
出兵				1			2						1		2			1	1		1	9	3	1

	滋賀	京都	大阪	兵庫	奈良	和歌山	鳥取	島根	岡山	広島	山口	徳島	香川	愛媛	高知	福岡	佐賀	長崎	熊本	大分	宮崎	鹿児島	沖縄	全国計
市		1	2	3	1	1			1	3			1	1	1	2		1						36
町	1	3	10	5	2	11		1	15	12	3	1	3	2		1				1	1			129
村	2	7	25	11	3	10		3	20	12	11	2	4	4				1				1		145
計	3	11	37	19	6	22		4	36	27	14	3	8	7	1	3		2		1	1	1		310
炭鉱									1		2					17	4		1					29
出兵		4	6	3	1	3		1	1	12	4			1	1	8	2			1				70

出典『米騒動の研究』井上清・渡部徹編(有斐閣)

祇園祭と山鉾巡行

疫病をもたらす怨霊の退散を願い鎮める祭礼

祇園祭の起源は平安時代の御霊会

京都の夏、最大の行事といえば祇園祭《ぎおんまつり》だろう。この祇園祭は、八坂《やさか》神社の祭りと同社の氏子《うじ》の町々で行う諸行事の総称であり、起源は平安時代の御霊会《ごりょうえ》にさかのぼることができる。御霊会とは、疫病《えきびょう》や不遇な死を遂げた人の怨霊を鎮めるための祭礼のことである。御霊会は様々な場所で行われるようになったが、特に効果があるとされていたのが北野《きたの》神社における御霊会と祇園社（八坂《やさか》神社）の御霊会であった。

平安時代初め、都に疫病が大流行した。当時、疫病は最も深刻な都市災害といえ、医療も未発達であるがゆえ、たちまち多くの死者が出た。人々はこれを政治的に失脚し、処刑されるに至った霊がもたらした祟りだろうと考え、御霊を祀《まつ》ることにより鎮めようとしたが、霊の怒りは治まらなかったのか、より強い神仏が求められた。そこで祇園社に祀られている素戔嗚尊《すさのおのみこと》のような偉大な神に頼ろうと、祇園御霊会が行われた。

八六九（貞観《じょうがん》一一）年六月七日のことだ。消疫病災の祈りの場所であった神泉苑《しんせんえん》に当時の国の数、六六か国にちなんで六六本の鉾《ほこ》を立て、祇園社から神輿《みこし》を送った。これが祇園祭における山鉾巡行《やまぼこじゅんこう》の起源であると伝えられている。

鉾は初め、一人の人間が捧げ持つものだったという。一方、山は九九九（長保《ちょうほ》元）年、無骨《むこつ》という猿楽法師《さるがくほうし》が作山《つくりやま》をこしらえ、行列に加わったのが始まりであるという。

祭礼としての御霊会は各地で広がりをみせたものの、その後、多くの御霊会が時代の変化とともに消滅していった。しかし、祇園御霊会は祇園祭として、戦乱による消滅の危機を何度となく乗り越え、現在にも受け継がれているのである。

蘇民将来之子孫也の護符に隠された素戔嗚尊伝説

このような故事がある。かつて、八坂神社の祭神である素戔嗚尊が南海に旅をされた際、一夜の宿を求めた素戔嗚尊を、豊かな弟の巨《こ》旦将来《たんしょうらい》は迎え入れなかったが、兄の貧しい蘇《そ》民将来《みん》はたいそう厚くもてなしたという。その真心を喜ばれた素戔嗚尊は、やはり八坂神社の祭神である八柱御子神《やはしらのみこがみ》を連れて蘇民の家を訪れ、家族に茅輪《ちのわ》をつりさせこういった。

「われこそは素戔嗚尊である。疫病流行のとき、おまえたちの子孫は『われらは蘇民将来の子孫である』と名乗り、腰に茅輪をつけなさい。そうすれば疫病にかからない」

祇園祭において「蘇民将来之子孫也」の護符を身につけて祭りに奉仕するのは、この話に由来する。

なお、祇園祭の本祭りは七月一七日、四条通、河原町通、御池通、そして新町通を巡行路とする山鉾巡行が行われた後の、夕方から始まる神幸祭《じんこうさい》（前祭《さきのまつり》）と二四日の還幸祭《かんこう》（後《あとの》祭《まつり》）である。

神幸祭では三基の御神輿が八坂神社から各氏子の地域をまわり、四条通の御旅所へと置かれる。そして二四日の還幸祭には、御神輿が八坂神社へ帰っていくのである。

祇園山鉾の位置と巡行ルート

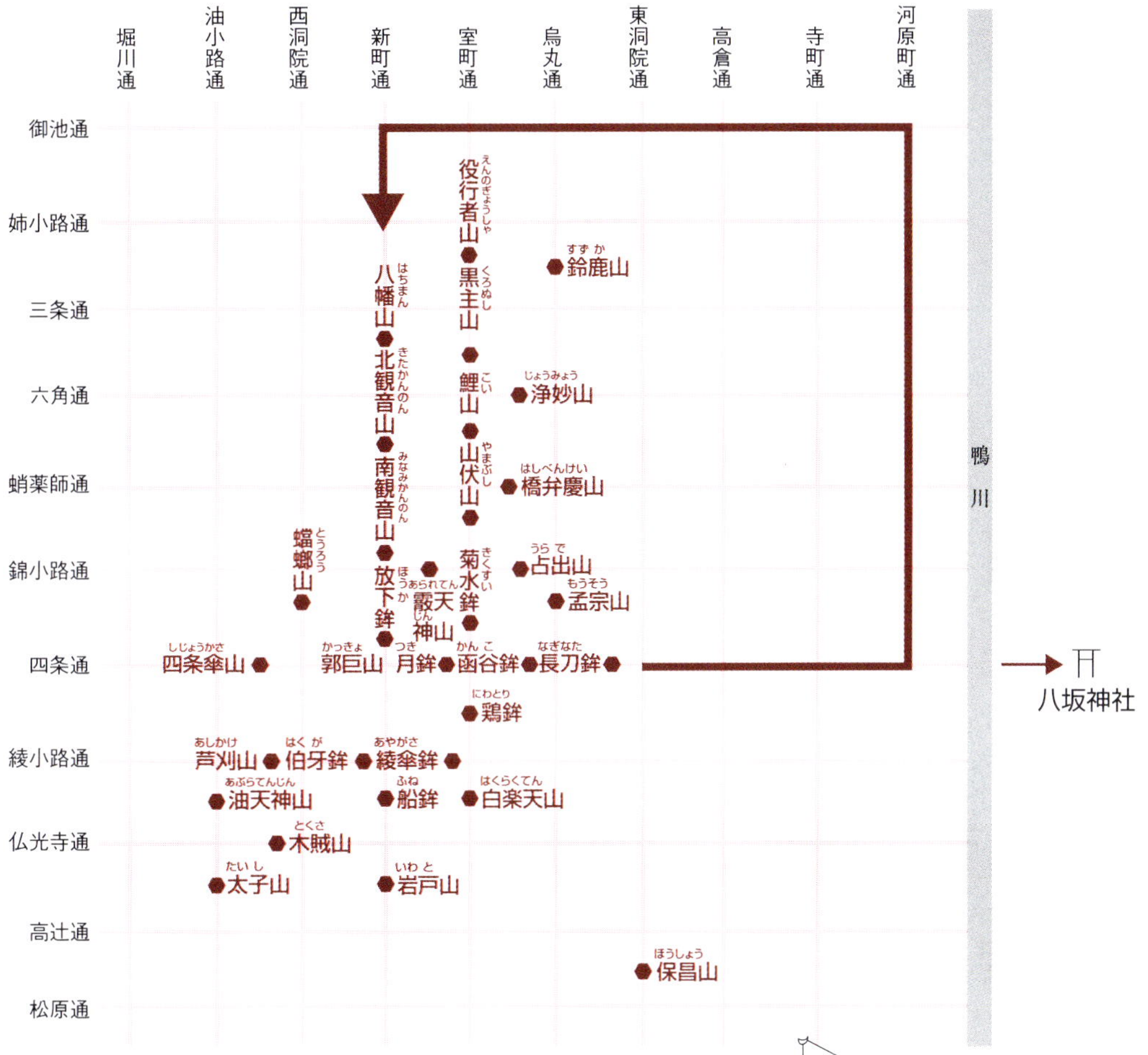
堀川通
油小路通
西洞院通
新町通
室町通
烏丸通
東洞院通
高倉通
寺町通
河原町通
御池通
姉小路通
三条通
六角通
蛸薬師通
錦小路通
四条通
綾小路通
仏光寺通
高辻通
松原通
鴨川
八坂神社
役行者山《えんのぎょうじゃ》
鈴鹿山《すずか》
八幡山《はちまん》
黒主山《くろぬし》
北観音山《きたかんのん》
鯉山《こい》
浄妙山《じょうみょう》
南観音山《みなみかんのん》
山伏山《やまぶし》
橋弁慶山《はしべんけい》
蟷螂山《とうろう》
放下鉾《ほうか》
霰天神山《あられてんじん》
菊水鉾《きくすい》
占出山《うらで》
孟宗山《もうそう》
四条傘山《しじょうかさ》
郭巨山《かっきょ》
月鉾《つき》
函谷鉾《かんこ》
長刀鉾《なぎなた》
鶏鉾《にわとり》
芦刈山《あしかり》
伯牙鉾《はくが》
綾傘鉾《あやがさ》
油天神山《あぶらてんじん》
船鉾《ふね》
白楽天山《はくらくてん》
木賊山《とくさ》
太子山《たいし》
岩戸山《いわと》
保昌山《ほうしょう》

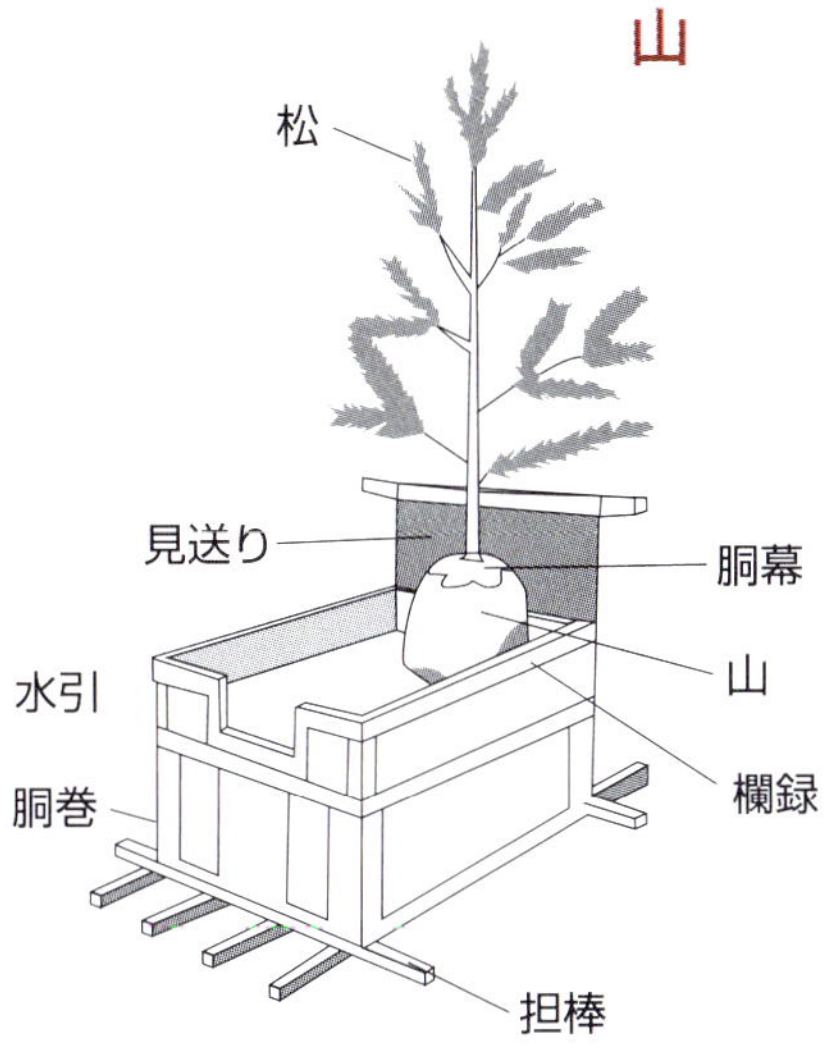
山
松
見送り
胴幕
山
水引
欄録
胴巻
担棒

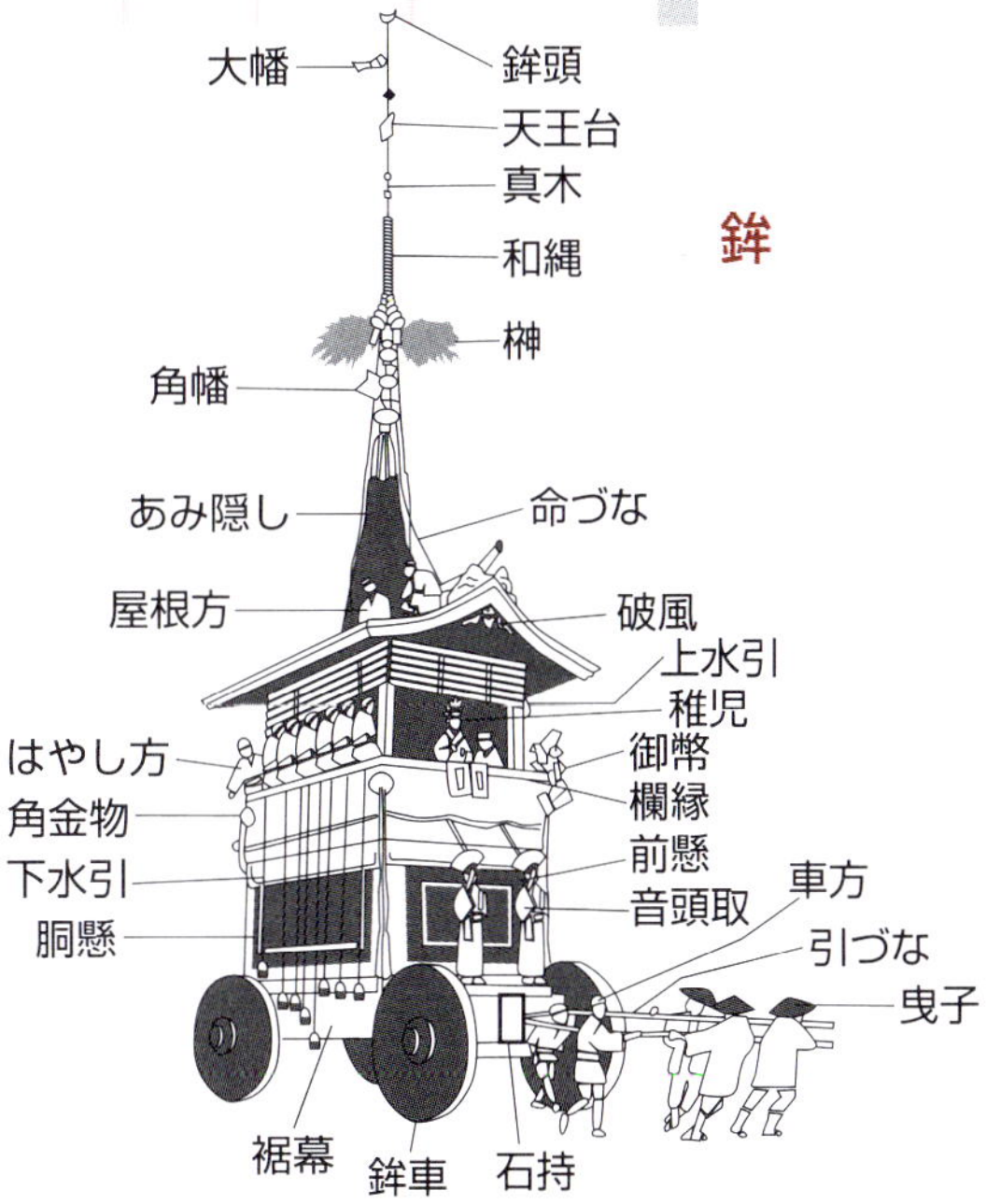
鉾
大幡
鉾頭
天王台
真木
和縄
榊
角幡
あみ隠し
命づな
屋根方
破風
上水引
稚児
はやし方
御幣
欄縁
角金物
前懸
下水引
音頭取
車方
胴懸
引づな
曳子
裾幕
鉾車
石持

葵祭と時代祭

葵祭は上賀茂・下鴨神社、時代祭は平安神宮の祭礼

『源氏物語』にも登場する葵祭

京都では、祇園祭《ぎおんまつり》、葵祭《あおいまつり》、そして時代祭《じだいまつり》を京都三大祭と称している。京都人にとっては、どれも欠かすことのできない行事といえる。

葵祭が行われるのは毎年五月一五日、祭神である賀茂別雷神《かもわけいかずち》の生まれた御形山に二葉の葵が生じたという故事に基づき、祭りに参加する斎院《さいいん》をはじめ、勅使《ちょくし》らが葵の蔓《かずら》を身につけることからその名が用いられた。上賀茂《かみがも》神社と下鴨《しもがも》神社の祭礼であるため、賀茂祭とも呼ばれている。

起源は六世紀頃、五穀豊穣《ごこくほうじょう》を祈る両神社の祭礼にさかのぼることができる。八一九（弘仁一〇）年以降は朝廷の行事「勅祭《ちょくさい》」として行われ、応仁の乱以後中断したものの、一六九四（元禄《げんろく》七）年に再興。戊辰《ぼしん》戦争の影響などで一八七〇（明治三）年にもやはり一度は途絶えたが、一八八四（明治一七）年に復興を果たし、現在に至っている。

この葵祭、『源氏物語』でも優雅な行事として登場している。新しく賀茂斎院となられた女三宮《おんなさんのみや》の御みそぎの日、行列に加わる源氏の晴れ姿をみようと、一条大路に出向いた六《ろく》条御息所《じょうみやすどころ》は、源氏の妃・葵上《あおいのうえ》の一行から物見車の争いで辱《はずかし》めを受けた。その後、生霊となり、夕霧《ゆうぎり》を出産した葵上を呪い殺したという。

行列は平安時代の風俗を再現しながら行われ、京都御所《ごしょ》を出発し、下鴨神社へ向かう。そこで祭典、東遊《あずまあそび》、走馬《はしりうま》などを行い、再び行列を整え、北大路橋を渡り、賀茂堤を北上して上賀茂神社へ向かう。同社でもやはり下鴨神社同様の行事が執り行われ、一行は御所へと帰る。

平安遷都千百年を記念して始まった時代祭

京の秋を彩る平安神宮《へいあんじんぐう》の祭礼、時代祭は、桓武《かんむ》天皇が長岡京《ながおかきょう》より遷都した一〇月二二日（旧暦）に毎年行われる。第一回は「平安遷都千百年記念祭」として平安神宮の造営とともに一八九五（明治二八）年に行われ、第二回より桓武天皇の神霊を奉ずる奉祝行事として実施されるようになった。この時代祭、平安時代より明治維新までの服装や風俗を再現し、時代順に行うが、行列の主役は桓武天皇の神輿であるが、孝明《こうめい》天皇の神輿も出ることは意外と知られていない。第五〇代の桓武天皇は、天智《てんじ》天皇の曾孫《ひまご》として七三七（天平九）年に平城京《へいじょうきょう》で生まれ、平安京造営をなしえた天皇である。

一方、第一二一代の孝明天皇は一八三一（天保二）年、京都にて生誕。激動する幕末の政局において、一貫して攘夷《じょうい》を主張し続け、京都で生涯を終えた最後の天皇でもある。

崩御七五年目を迎えた一九四〇（昭和一五）年、平安神宮に桓武天皇とともに祭神として合祀《ごうし》され、以後、神幸列《しんこうれつ》の鳳輦《ほうれん》も一基になった。

時代祭は当初は六列、人員約五〇〇名の規模だったが、現在では一八列で行列を行い、参加人数も総勢約二〇〇〇名となっている。また、衣装や祭具もおよそ一万二〇〇〇点におよび、京都が都として培《つちか》ってきた伝統工芸技術を駆使して復元された物ばかりである。

葵祭のコース

葵祭は、古くは賀茂祭、または北の祭ともいわれ、平安中期の宮廷貴族の間では単に〝まつり〟といえばこの葵祭を指していた。

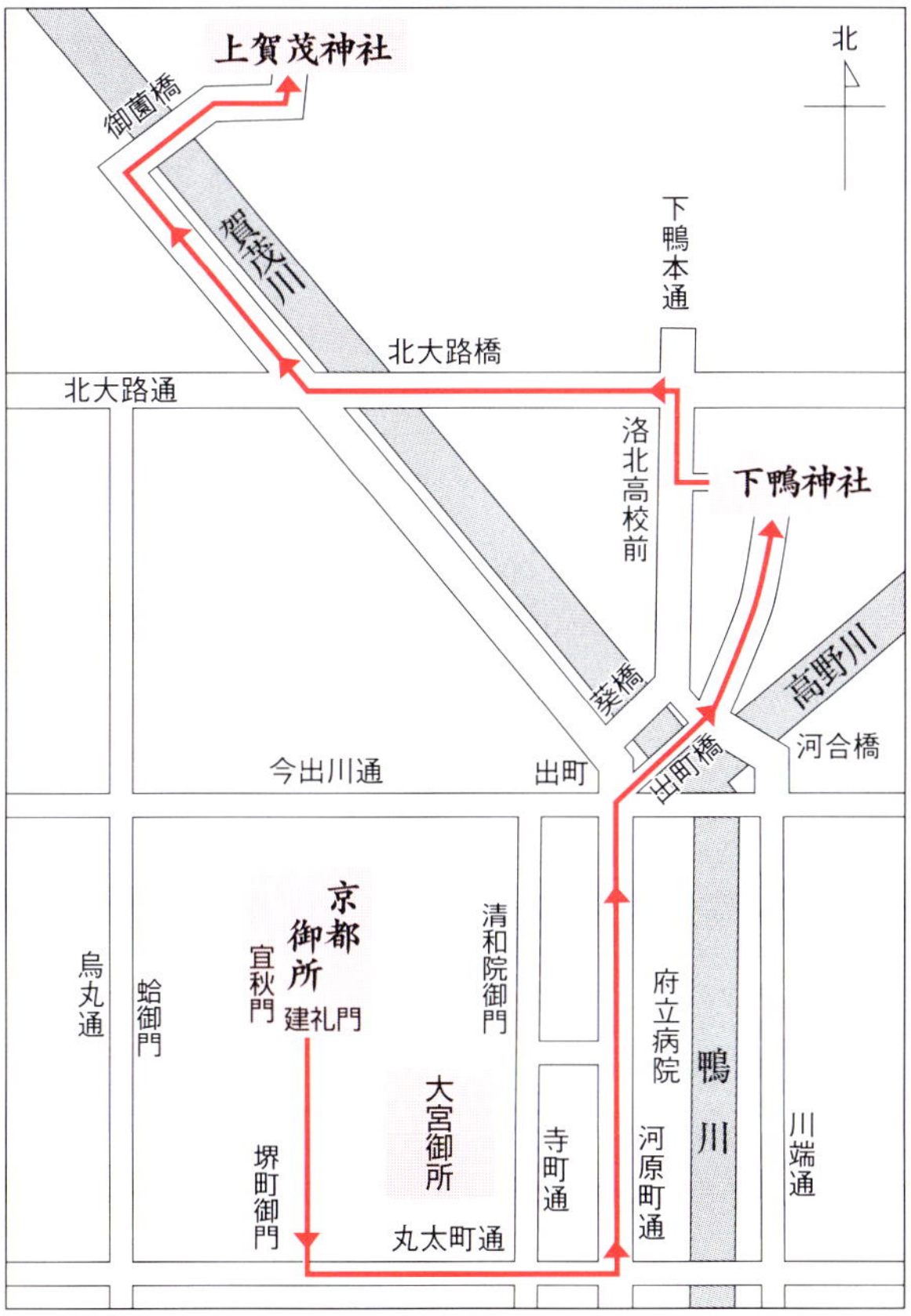

写真提供　京都市観光協会
※三大祭(祇園・葵・時代祭)には有料観覧席あり(お問い合わせは観光情報センター075-752-0227)

時代祭のコース

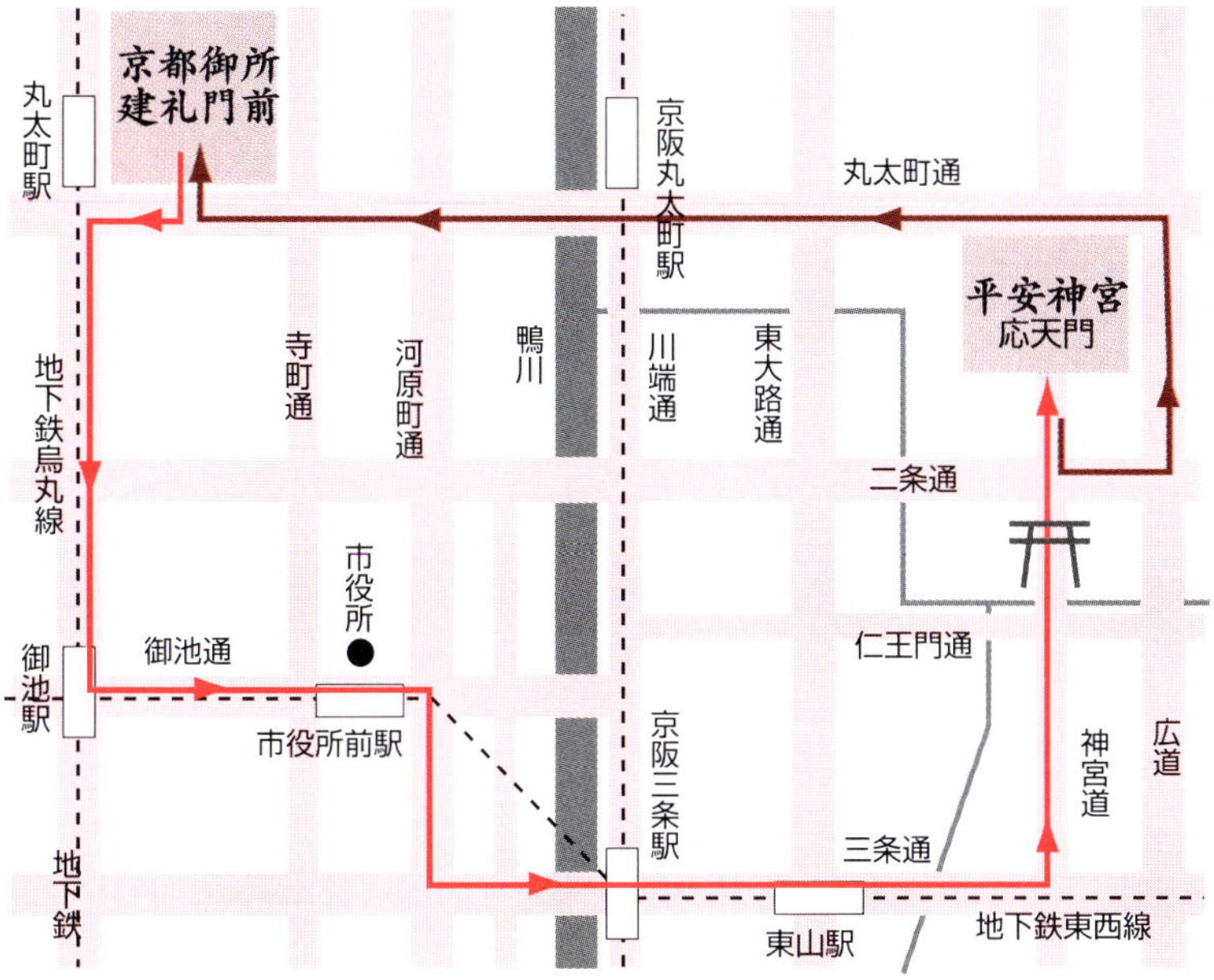

は正午に京都御所を出発する時代祭行列のコース
は午前中に京都御所へ向かう神幸列のコース

時代祭には、国内はもとより外国からの参観者も多くみうけられる。写真は維新勤王隊の列。

五山送り火と鞍馬の火祭

京の季節を彩る二つの火祭

京都のお盆の行事 五山送り火

精霊《しょうりょう》送りの意味を持つ京都のお盆行事の一つ、五山《ござん》送り火。

毎年八月一六日の夜、東山如意ヶ嶽《ひがしやまにょいがたけ》「大文字」、松ヶ崎《まつがさき》西山・東山「妙《みょう》・法《ほう》」、西賀茂船山「船形《ふながた》」、衣笠《きぬがさ》大北山「左大文字」、そして嵯峨鳥居本曼荼羅山《さがとりいもとまんだらやま》「鳥居形《とりいがた》」、これら五つの山で送り火が行われる。

起源については三説ほど挙げられる。一つは平安初期、大文字山麓の浄土寺《じょうどじ》が大火に見舞われた際、本尊の阿弥陀仏《あみだぶつ》が飛翔して空に光明を放ったといわれ、弘法大師《こうぼうだいし》がその光明を模倣して火を用いる儀式として行ったという説。二つめは室町時代中頃、足利義政《あしかがよしまさ》が近江の戦いで死亡した実子、義尚《よしひさ》の冥福を祈る行事を行うよう命じ、相国寺《しょうこくじ》の僧侶、横川景三《おうせんけいさん》の指導で始まったという説、そして三つめに江戸時代初期、能書家である近衛信尹《このえのぶただ》の筆画によるとする説である。ただし、実際のところは不明であり、現在の形態に整ったのは近世初頭の頃だといわれている。

「大」の字は火床の総数七五、最も遠い南の流れの端の火床は中心から一二〇メートルほど離れたところにある。各火床では護摩木《ごまぎ》を井桁《いげた》に組み、隙間には松葉を入れておく。さらに麦藁《むぎわら》で周囲を囲っておき、読経《どきょう》が終わると親火が移され、いよいよ点火されることになる。

なお、護摩木には先祖供養や無病息災《むびょうそくさい》などの願い事が記される。また、大の文字を器の水に映して飲むと、病気に罹《かか》らないとの言い伝えも古くから残されている。

京都三大奇祭の一つ 鞍馬の火祭

鞍馬山《くらまやま》にある由岐《ゆき》神社の祭礼として毎年一〇月二二日に行われる鞍馬の火祭は、京都三大奇祭（他の二つは今宮《いまみや》神社の「やすらい祭」と広隆寺《こうりゅうじ》の「牛祭」）の一つに挙げられている。社伝によると、九四〇（天慶《てんぎょう》三）年九月九日夜、もと内裏《だいり》に安置されていた靫《ゆぎ》社を当地に移し祀《まつ》る際、地元では松明《たいまつ》を持って供奉し、篝火《かがりび》を焚《た》いて迎えた故事に基づき行われるようになったといわれている。

当初は鉾《ほこ》や神輿《みこし》を中心としたものであったが、松明の巨大化に合わせて祭りに火が占める割合が大きくなり、江戸時代から明治にかけて現在の様式になった。松明の数は大小五一〇〇本以上にもなる。

さて、当日は「神事、参らっしゃれ」の合図で各家に積み重ねられた篝が一斉に点火され、松明を担いだ子供や青年たちが「サイレイ、サイリュウ」の声とともに練《ね》り歩き、鞍馬寺仁王門前石段に集結する。そして太鼓の合図で石段に張り渡した注連縄《しめなわ》を切り、神輿巡行などが行われる。各神輿の後には鎧武者《よろいむしゃ》が乗り、安産の儀式として神輿の綱を町の女性が曳《ひ》くことになっている。

また、山門の石段では、成人式を迎えた青年が激しく揺さぶられる神輿の先の担い棒の前で逆さ大の字になって下りてくる。チョッペンの儀と呼ばれる成人儀礼の一種だ。その後、山門を下ったところで神輿は台車に乗せられ、鞍馬の町を巡行してお旅所へと戻る。

五山送り火の火床図

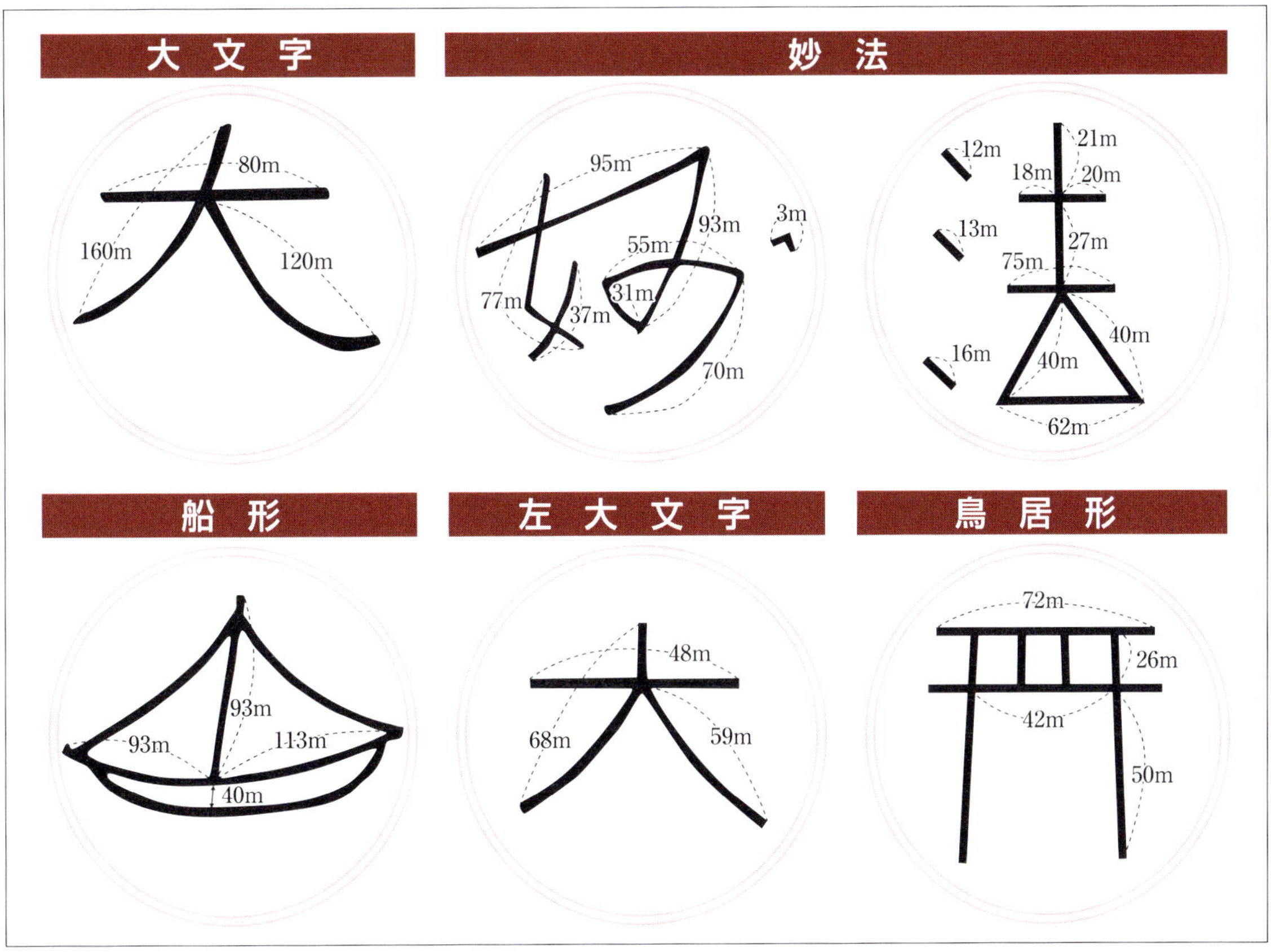

五山送り火配置図

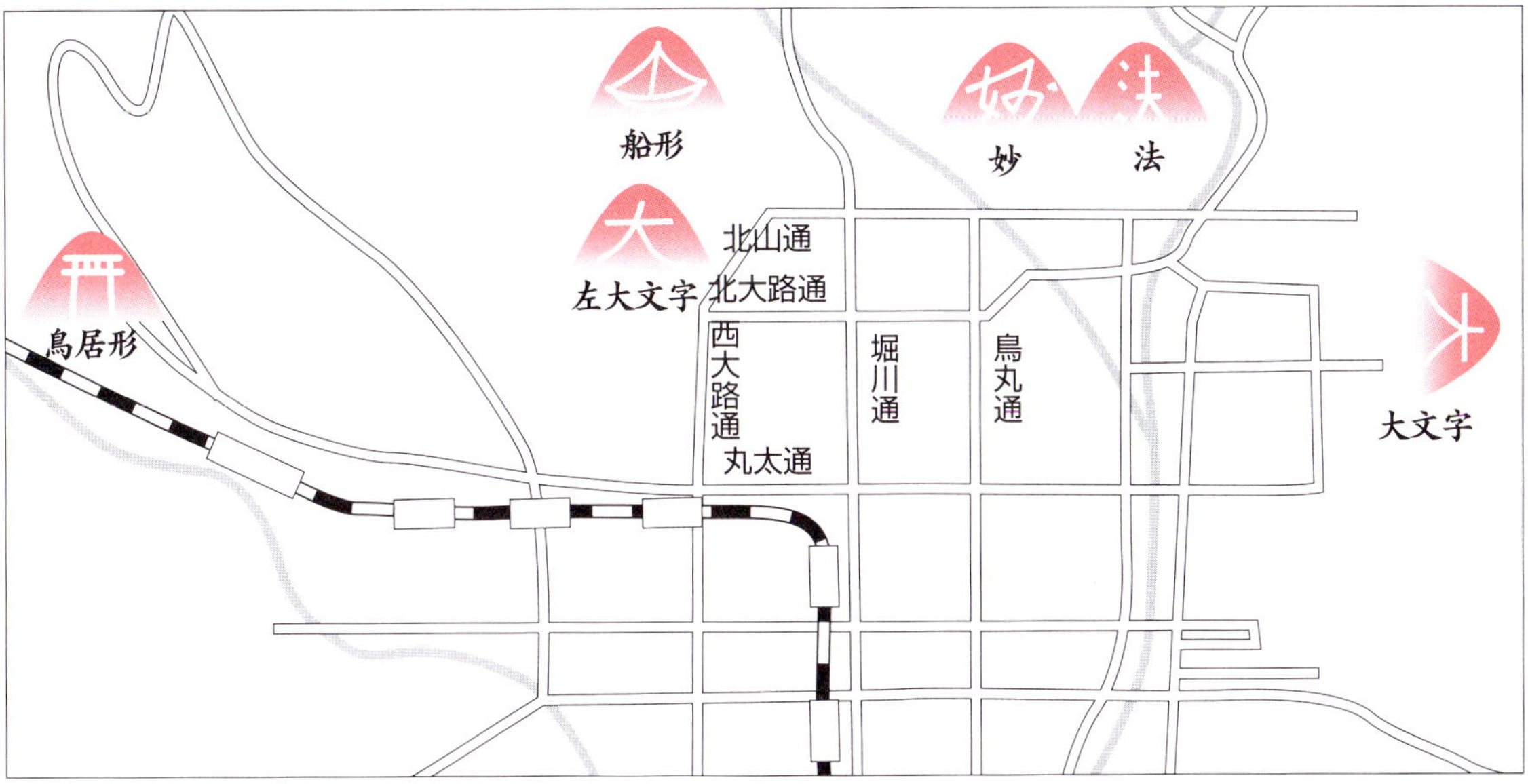

世界遺産の登録地

世界遺産としての価値を誇る古都京都の文化財

一七か所の文化資産が登録された町

一九九三年九月二八日、日本政府は京都の文化資産一七か所の「世界遺産登載推薦書」をユネスコ（国連教育科学文化機関）へ提出した。

世界遺産は「文化遺産」「自然遺産」「複合遺産」に分類され、各国から推薦された物件が定められた基準に該当するかどうか、世界遺産委員会で厳しく審査される。京都のケースでも推薦書の提出に先立ち、イコモス（国際記念物遺跡会議）の視察団が京都を訪れ、ノミネートされた文化資産を調査している。その結果を受け、日本政府が「登載推薦書」を作成するに至っている。

登録されるには六つの評価基準があり、京都では「ある期間、ある文化圏において、建築物、技術、記念碑、都市計画、景観設計の発展に大きな影響を与えた人間的価値の交流を示している」（登録基準2）および「人類の歴史の重要な段階を物語る建築様式、あるいは建築的、技術的な集合体、または景観に関する優れた見本である」（登録基準4）ことが認められ、イコモスは京都の文化資産一七か所の世界遺産リスト登録を勧告した。

登録における審査は一年以上をかけて行われ、一九九四年一二月一五日、タイのプーケットで開催された第一八回世界遺産委員会にて、京都の一七か所の文化遺産の世界遺産登録が承認採択された。

西国三十三所の札所としても信仰を集める清水寺、醍醐寺

世界遺産に登録された京都の文化資産をいくつか挙げてみよう。

・清水寺《きよみずでら》

開創は七九八（延暦《えんりゃく》一七）年、「木津川《きづがわ》の北流に清泉を求めてゆけ」との霊夢を受けた奈良子島寺の延鎮上人《えんちんしょうにん》が、音羽山《おとわさん》麓の滝のほとりにたどり着いた際、永年練行中の行叡居士《ぎょうえいこじ》より観世音菩薩《かんぜおんぼさつ》の威神力を祈り込められた霊木を授かり、千手観音《せんじゅかんのん》像を彫作して居士の旧庵に祀《まつ》ったことを起源とする。木造一一面観音を本尊とし、西国三十三所の第一六番札所でもある。一六二九（寛永六）年の火災にて三代将軍徳川家光《いえみつ》が本堂を再建、本堂をはじめ奥の院・阿弥陀堂《あみだどう》など一五棟が重要文化財に指定されている。

・醍醐寺《だいごじ》

八七四（貞観一六）年、聖宝《しょうぼう》によって山科の醍醐山上に開創された。九〇七（延喜《えんぎ》七）年、醍醐天皇の御願寺《ごがんじ》となり、やがて下醍醐に伽藍《がらん》の建設が進められ、九五一（天暦《てんりゃく》五）年に京都府下最古の木造建築物である五重塔が完成、さらに一一一五（永久《えいきゅう》三）年には三宝院が建立され、醍醐寺発展の基礎が確立された。また上醍醐・准胝堂《じゅんていどう》は西国三十三所の第一一番札所として信仰を集めている。

・鹿苑寺《ろくおんじ》（金閣《きんかく》）

一三九七（応永《おうえい》四）年、足利義満《あしかがよしみつ》が西園寺《さいおんじ》家の山荘を譲り受け、義満の死後に鹿苑寺と名付けられた。舎利殿《しゃりでん》として建てられた金閣は鏡湖地《きょうこち》のほとりに建つ三層の楼閣《ろうかく》であり、二、三層は漆塗《うるしぬり》の上に金箔《きんぱく》を押し、室町期の楼閣建築の代表的なものとされる。

古都京都の世界文化遺産（太文字の17か所）

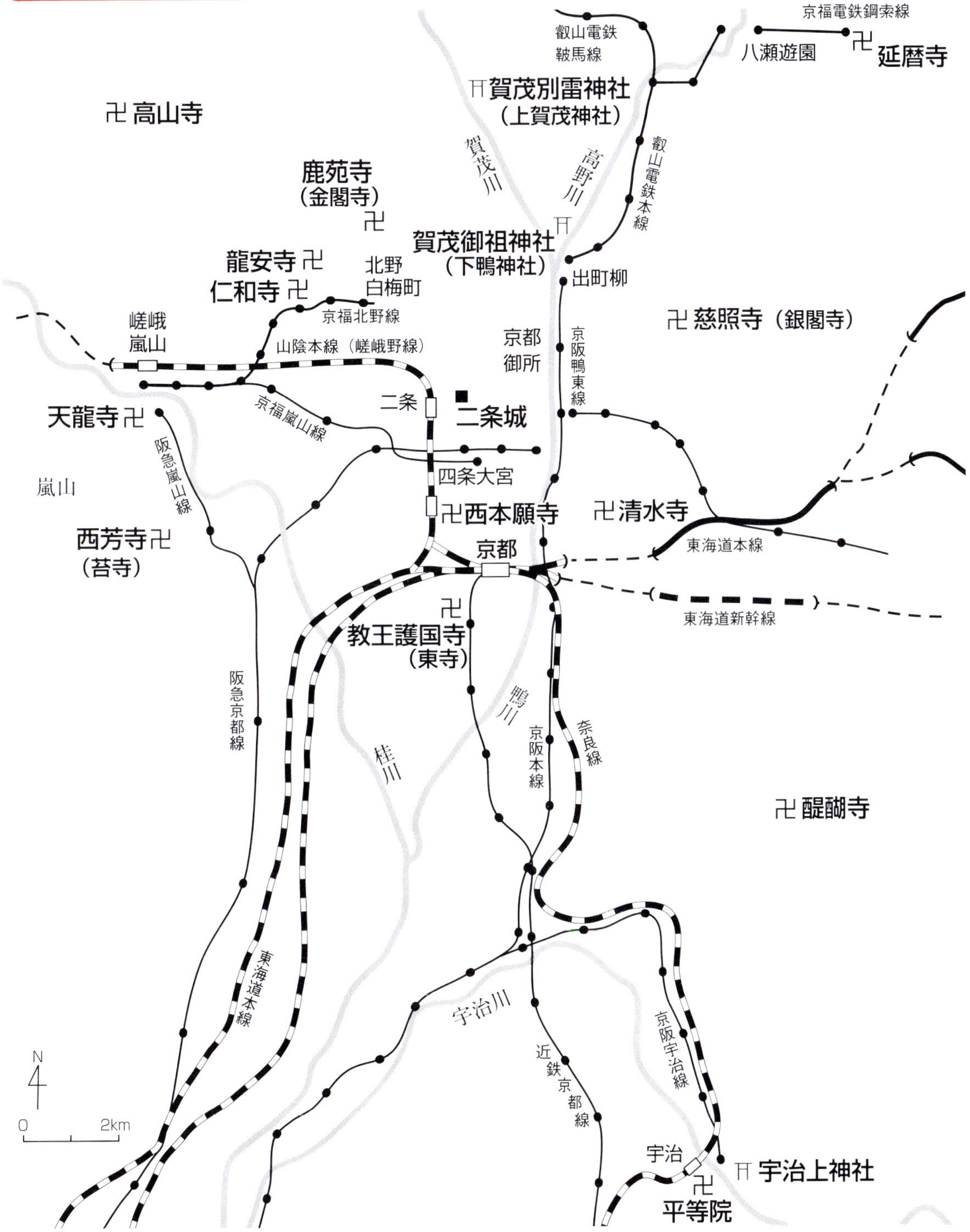

京都の年中行事

四季折々の情趣が楽しめる京の歳時記

家運隆昌や商売繁昌、五穀豊穣を願って

京都では実に多くの祭りや年中行事が行われ、京の人々はそれらを通じて四季を味わい、季節の移り変わりを感じている。古都京都ならではの催しも少なくない。代表的なものをいくつか紹介しよう。

一月

・初ゑびす（八～一二日／ゑびす神社）

京都のゑびす神社は西宮の西宮神社、大阪今宮《いまみや》神社と並んで日本三大ゑびす（夷とも書く）と称され、初ゑびすは家運隆昌、商売繁盛の福神ゑびすのお祭り。

二月

・梅花祭（二五日／北野天満宮《きたのてんまんぐう》）

祭神菅原道真《すがわらのみちざね》の命日にあたり、神前に梅花を供えて祭典を行う。

三月

・涅槃会《ねはんえ》（一四～一六日／東福寺《とうふくじ》・泉涌寺《せんゆうじ》）

釈迦《しゃか》が入滅した旧暦の日にあたり、法要が営まれる。東福寺では大涅槃図が開帳される。

・雨乞祭《あまごいまつり》（九日／貴船《きぶね》神社）

北山にある貴船神社の御神水を本殿脇に流し、榊《さかき》で天地四方に振りまき、降雨を呼び五穀豊穣を祈る。

四月

・都をどり（一日～三〇日／祇園甲部歌舞練場《ぎおんこうぶかぶれんじょう》）

祇園の芸妓、舞妓が京舞を演じる。東京遷都で衰退した京都を活気づけようと始められた。初回開催は明治五年。

五月

・流鏑馬《やぶさめ》神事（三日／下鴨《しもがも》神社）

流鏑馬の古式にのっとり、清めの儀式として行われる。

六月

・御田植祭《おたうえまつり》（一〇日／伏見稲荷《ふしみいなり》大社）

神楽女が御田舞を奉納、その後、境内の神田で早乙女たちが田植えを行なう。

七月

・かぼちゃ供養（二五日／安楽寺《あんらくじ》）

中風除《ちゅうふうよ》けを祈願する行事。鹿ケ谷《ししがたに》かぼちゃが煮付けられ参拝者に授けられる。

八月

・千灯供養《せんとうくよう》（二三～二四日／化野念仏寺《あだしのねんぶつでら》）

境内に並ぶおよそ八千の石仏、石塔すべてに灯明を捧げ霊を供養する。

九月

・八朔祭《はっさくまつり》（第一日曜日／松尾《まつお》大社）

五穀豊穣を祈願して万燈祭《まんどまつり》や奉納相撲、六斎念仏などの行事が行われる。

一〇月

・瑞饋祭《ずいきまつり》（一～五日／北野天満宮）

五穀豊穣を感謝し、神前に農作物を供えたのが始まり。瑞饋神輿が町内を練り歩く。

一一月

・筆供養《ふでくよう》（二三日／東福寺《とうふくじ》）

筆神輿が境内を練り歩き、古くなった筆記具に感謝し供養する行事。

一二月

・終《しま》い天神（二五日／北野天満宮）

その年を締めくくる最後の縁日。師走《しわす》の恒例行事として多くの参拝者（例年約一五万人）で賑わう。

京都の主な年中行事

1月

1～3日　皇服茶(六波羅蜜寺)
3日　かるた始め(八坂神社)
4日　蹴鞠始め(下鴨神社)
5日　八千枚大護摩供(赤山禅院)
8～12日　初ゑびす(ゑびす神社)

2月

2～4日　節分祭(壬生寺・吉田神社など各神社)
23日　五大力尊仁王会(醍醐寺)
25日　梅花祭(北野天満宮)

3月

3日　流しびな(下鴨神社)
9日　雨乞祭(貴船神社)
14～16日　涅槃会(東福寺・泉涌寺)
15日　涅槃会と嵯峨大念仏狂言(清凉寺)
22日　千本釈迦念仏(千本釈迦堂)

4月

1～30日　都をどり(祇園甲部)
第2日曜　太閤花見行列(醍醐寺)
中旬　嵯峨大念仏狂言(清凉寺)
21～29日　壬生狂言(壬生寺)
29日　曲水の宴(城南宮)

5月

3日　流鏑馬神事(下鴨神社)
5日　競馬会神事(上賀茂神社)
5日　藤森祭(藤森神社)
5日　歩射神事(下鴨神社)
15日　葵祭(下鴨神社)

6月

1日　貴船祭(貴船神社)
1・2日　京都薪能(平安神宮)
10日　御田植祭(伏見稲荷大社)
20日　竹伐り会式(鞍馬寺)

7月

7日　貴船水まつり(貴船神社)
9～12日　陶器供養法要と陶器市(千本釈迦堂)
1～31日　祇園祭(八坂神社ほか)
土用丑の日　御手洗祭(下鴨神社)
25日　かぼちゃ供養(安楽寺)
28日　火渡り祭(狸谷不動院)

8月

7～10日　陶器まつり(若宮八幡宮)
7～10日　六道まいり(六道珍皇寺)
15・16日　松ヶ崎題目踊(涌泉寺)
16日　五山送り火(五山)
16日　嵐山万灯流し(嵐山・大堰川)
23・24日　千灯供養(化野念仏寺)

9月

第1日曜　八朔祭(松尾大社)
9日　烏相撲と重陽神事(上賀茂神社)
第3日曜　萩まつり(梨木神社)
27日　へちま加持(赤山禅院)
27・28日　観月の夕べ(大覚寺)

10月

1～5日　瑞饋祭(北野天満宮)
1～10日　御香宮神幸祭(御香宮神社)
10日　赦免地踊り(秋元神社)
10日　牛祭(広隆寺)
22日　時代祭り(平安神宮)
22日　鞍馬の火祭り(由岐神社)

11月

1日　すし供養(本能寺)
3日　曲水の宴(城南宮)
第2日曜　嵐山もみじ祭り(嵐山)
23日　もみじ祭り(地主神社)
23日　筆供養(東福寺)

12月

8日　針供養(法輪寺)
9・10日　大根だき(了徳寺)
13～31日　空也踊念仏(六波羅蜜寺)
21日　終い弘法(東寺)
25日　終い天神(北野天満宮)

※天候やその他の都合で日程が変更される場合がありますので、あらかじめ確認してからおでかけ下さい。

京都　歴史年表

時代	年代	主な出来事
旧石器時代	二万年前	京都盆地に人が住み始める
弥生・縄文時代	八〇〇〇年前	縄文人の生活が一乗寺南遺跡・北白川遺跡（京都市左京区）・裏陰遺跡（大宮町）・有熊遺跡（加悦町）などで生まれる
古墳時代	三〇〇年	丹後で古墳文化地帯が形成される（蛭子山古墳・銚子山古墳・神明山古墳など）
飛鳥時代	五二(継体五)	都を山背国筒城に遷したという
	五四四(欽明五)	葵祭が始まる
	六二二(推古三〇)	秦河勝が蜂岡寺（後の広隆寺）を建てる
奈良時代	七四一(天平一三)	恭仁京遷都
	七八四(延暦三)	長岡京遷都
	七八八(延暦七)	最澄が比叡山に一乗止観院（現在の延暦寺の根本中堂）を建立
平安時代	七九四(延暦一三)	平安京遷都
	七九八(延暦一七)	坂上田村麿呂が清水寺を創建
	八六九(貞観一一)	祇園祭が始まる
	八八八(仁和四)	宇多天皇が仁和寺を創建
	九〇五(延喜五)	紀貫之らが『古今和歌集』を撰進
	九五二(天暦六)	醍醐寺の五重塔が建立

時代	年代	主な出来事
平安時代	一〇二二(治安二)	藤原道長が無量寿院（後の法成寺）の造営を開始
	一〇五二(永承七)	藤原頼通が平等院を建立
	一一五六(保元元)	保元の乱
	一一五九(平治元)	平治の乱
鎌倉時代	一一九二(建久三)	鎌倉幕府開設
	一二〇五(元久二)	『新古今和歌集』成立
	一三三三(正慶二・元弘三)	鎌倉幕府滅亡
南北朝時代	一三三六(光明三・延元元)	南北朝に分裂
	一三三八(暦応元・延元三)	室町幕府開設
	一三三九(暦応二・延元四)	足利尊氏が天龍寺を建立
		夢窓疎石が西芳寺（苔寺）を復興
	一三九二(明徳三・元中九)	南北朝統一
室町時代	一三九八(応永五)	足利義満が金閣寺を建立
	一四五〇(宝徳二)	細川勝元が禅院（龍安寺の起源）を建立
	一四六七(応仁元)	応仁の乱
	一四八九(延徳元)	足利義政が営んだ東山山荘に銀閣寺を建立
	一五七三(天正元)	室町幕府滅亡
安土桃山時代	一五八二(天正一〇)	本能寺の変
	一五九一(天正一九)	本願寺（西本願寺）が現在の場所へ

時代	年代	主な出来事
安土桃山時代		移る
安土桃山時代	一五九四（文禄三）	豊臣秀吉が伏見城を築城
安土桃山時代	一六〇〇（慶長五）	関ヶ原の戦い
江戸時代	一六〇三（慶長八）	徳川家康が徳川幕府を開設
江戸時代		徳川家康が二条城を築城
江戸時代	一六二〇（元和六）	桂離宮の造営を開始
江戸時代	一六四四（正保元）	徳川家光が東寺（教王護国寺）の五重塔を再建する
江戸時代	一六五九（万治二）	修学院離宮造営
江戸時代	一六六二（寛文二）	この頃、大文字の送り火が始まる
江戸時代	一六八四（貞享元）	この頃、友禅染が起こる
江戸時代	一八六三（文久三）	賀茂別雷神社（上賀茂神社）の本殿を造替
江戸時代		賀茂御祖神社（下鴨神社）の本殿を造替
江戸時代	一八六七（慶応三）	大政奉還
明治時代	一八六八（明治元）	京都府誕生
明治時代	一八六九（明治二）	東京遷都が決定
明治時代		日本で最初の小学校を開設
明治時代	一八七七（明治一〇）	京都駅が竣工
明治時代		京都～神戸間が開通
明治時代	一八八九（明治二二）	京都市が誕生
明治時代	一八九〇（明治二三）	琵琶湖疏水が完成。翌年から水力発電が始まる

時代	年代	主な出来事
明治時代	一八九五（明治二八）	平安奠都紀念祭
明治時代		時代祭が始まる
明治時代		平安神宮鎮座式
明治時代		チンチン電車が走る
明治時代	一八九七（明治三〇）	四条河原で映画が上映される（日本初）
大正時代	一九一八（大正七）	米騒動が起きる
昭和時代	一九二七（昭和二）	中央卸売市場が開業（日本初）
昭和時代		丹後大震災
昭和時代	一九四六（昭和二一）	第一回国民体育大会が京都府を中心に開催
昭和時代	一九四九（昭和二四）	湯川秀樹（京都育ちで京都大学出身）、ノーベル賞を受賞
昭和時代	一九六六（昭和四一）	国立京都国際会館を開館
昭和時代	一九八一（昭和五六）	京都市高速鉄道（地下鉄）烏丸線開通
平成時代	一九九四（平成六）	平安建都一二〇〇年記念事業を実施
平成時代	一九九七（平成九）	国内最大級となる京都駅ビルが開業
平成時代		地球温暖化防止会議が開催
平成時代	二〇〇二（平成一四）	国立国会図書館関西館が京都府精華町に開館
平成時代	二〇〇三（平成一五）	第三回世界水フォーラム開催（京都市国立京都国際会館にて開会式。京都・滋賀・大阪にて分科会が開催される）

【主な参考文献】

『京都千二百年（上）』西川幸治ほか（草思社）／『もっと知りたい！水の都　京都』鈴木康久・大滝裕一・平野圭祐編（人文書院）／『まちと暮らしの京都史』岩井忠熊編（文理閣）／『京都に強くなる75章』京都高等学校社会科研究会編（クリエイツかもがわ）／『史跡でつづる京都の歴史』門脇禎二編（法律文化社）／『京都の歴史1　平安の隆運』仏教大学編、『古都世界遺産散策』松本章男、『東山三十六峰を歩く　面白の花の都や』三浦隆夫・京都新聞社編（京都新聞社）／『京都なるほど事典』清水さとし（実業之日本社）／『京都・異界をたずねて』蔵田敏明、『歴史の京　洛中を歩く』高野澄、『平安京1200年』森谷尅久・井上満郎編（淡交社）／『京都に遊ぶ　坂本龍馬・新選組、幕末志士が愛した町』木村幸比古（マリア書房）／『京都の三大祭』所功（角川書店）／『京都府の不思議事典』井本信廣・山嵜泰正編（新人物往来社）／『京の百祭　別冊太陽』森谷尅久、『京都　歴史と文化1　政治・商業』京都市編、『京都・山城寺院神社大辞典』平凡社編（平凡社）／『都道府県別　祭礼行事〈京都府〉高橋秀雄・青山淳二編（桜楓社）／『京都魔界紀行』志村有弘（勉誠出版）／『京都魔界案内　出かけよう「発見の旅」へ』小松和彦（光文社）／『世界遺産　日本』（毎日新聞社）／『京都地図物語』植村善博・上野裕（古今書院）／『図説　京都府の歴史』森谷尅久編（河出書房新社）／『京都の歴史3　近世の胎動』、『京都の歴史6　伝統の定着』、『京都の歴史7　維新の激動』（學藝書林）／『京都学への招待』京都造形芸術大学編（角川書店）／『京都の不思議』黒田正子（光村推古書院）／『古都　京のまち』山嵜謹哉（大明堂）／『古代の三都を歩く　平城京の風景』上田正昭監・千田稔著（文英堂）／『平城宮から平安京へ』小川久勝（近代文藝社）／『京都・魔界マップ〈怪しい京都〉の歩き方』（洋泉社）／『地名で読む京の町（上）　洛中・洛西・洛外編』森谷尅久（PHP研究所）／『探訪　日本の歴史街道』楠戸義昭（三修社）／『鯖街道』上方史蹟散策の会編著（向陽書房）／『日本の路面電車〈3〉廃止路線・西日本編　思い出に生きる軌道線』原口隆行、『京都市電が走った街　今昔古都の路面電車定点対比』福田静二編・沖中忠順著（JTB）／『京都歴史アトラス』足利健亮編（中央公論社）／『信長を歩く』宇田川武久（プレジデント社）／『京都案内　歴史をたずねて』井上宏夫（かもがわ出版）／『京都の地震環境』植村善博（ナカニシヤ出版）／『京都　よみがえる古代』井上満郎（ミネルヴァ書房）

■監修者紹介

正井泰夫

1929年東京生まれ。53年、東京文理科大学（現・筑波大学）地理学科卒業。60年、ミシガン州立大学大学院博士課程修了、学術博士。62年、東京文理科大学理学博士。お茶の水女子大学教授、筑波大学教授、立正大学教授・名誉教授。前・日本国際地図学会会長、元・日本地理教育学会会長。著書に『東京の生活地図』（時事通信社）、『都市地図の旅』『城下町東京』（原書房）、『アトラス東京』（平凡社）、『日米都市の比較研究』『江戸・東京の地図と景観』（古今書院）など多数。本書は、大好評『図説 歴史で読み解く東京の地理』（小社刊）につづく第2弾。

図説《ずせつ》　歴史《れきし》で読《よ》み解《と》く京都《きょうと》の地理《ちり》

2003年10月15日　第1刷
2016年3月1日　第6刷

監修者　正《まさ》井《い》泰《やす》夫《お》

発行者　小澤源太郎

責任編集　株式会社プライム涌光

電話　編集部　03（3203）2850

発行所　株式会社青春出版社

東京都新宿区若松町12番1号〒162-0056
振替番号　00190-7-98602
電話　営業部　03（3207）1916

印刷　図書印刷株式会社　　製本　フォーネット社

万一、落丁、乱丁がありました節は、お取りかえします。

ISBN4-413-00652-6 C0025